INDUSTRIAL INVESTMENT FUND MANAGEMENT
OPPORTUNITY IDENTIFICATION, RISK MANAGEMENT AND INVESTMENT PERFORMANCE

产业投资基金管理

—— 机会识别、风险管理与投资绩效 ——

冯倩 刘松源 朱志勇 陈增华 ◎ 著

企业管理出版社
ENTERPRISE MANAGEMENT PUBLISHING HOUSE

图书在版编目（CIP）数据

产业投资基金管理：机会识别、风险管理与投资绩效 / 冯倩等著. -- 北京：企业管理出版社，2025. 1.
ISBN 978-7-5164-3173-3

Ⅰ. F832.51

中国国家版本馆CIP数据核字第2024QF4665号

书　　名：	产业投资基金管理：机会识别、风险管理与投资绩效
书　　号：	ISBN 978-7-5164-3173-3
作　　者：	冯　倩　刘松源　朱志勇　陈增华
责任编辑：	张　羿
出版发行：	企业管理出版社
经　　销：	新华书店
地　　址：	北京市海淀区紫竹院南路17号　　邮　　编：100048
网　　址：	http://www.emph.cn　　电子信箱：504881396@qq.com
电　　话：	编辑部（010）68456991　　发行部（010）68417763
印　　刷：	北京亿友数字印刷有限公司
版　　次：	2025年1月第1版
印　　次：	2025年1月第1次印刷
开　　本：	710mm×1000mm　1/16
印　　张：	15.5
字　　数：	200千字
定　　价：	78.00元

版权所有　翻印必究・印装错误　负责调换

前　言

产业投资基金是国家在经济发展新常态下激发需求、拓展产业投资方式的主要途径，也是国家落实产业政策，促进市场经济更好发展的主要方式之一。产业投资基金在我国已经走过了"早期成长—发展滞后—重新成长—迅速发展"的阶段，随着经济全球化的深入，我国产业投资基金公司参与国际高附加值、高技术含量的产业投资基金工程项目逐渐增多，风险管理与投资绩效逐渐成为企业决策机制关注的重点。

本书的关注点在于投资机会识别、风险管理对投资绩效的影响，决策机制在其中的中介作用以及投资环境在其中的调节作用。本书的研究问题包括：（1）探讨投资机会识别与投资绩效的关系；（2）探讨风险管理与投资绩效的关系；（3）探讨决策机制与投资绩效的关系；（4）探讨决策机制是否在投资机会识别、风险管理对投资绩效影响的过程中起到中介作用；（5）探讨投资环境是否在决策机制对投资绩效影响的过程中起到调节作用；（6）投资绩效的其他影响因素。

本书的研究方法涵盖文献综述、探索性案例研究、问卷调查、实地调查与实证分析，构建了一个全面的研究框架。首先，文献综述为理论构建提供基础，包括投资组合理论、风险管理理论、企业投资理论等，并对变量相关的文献进行梳理；其次，通过选取3家具有代表性的公司进行案例研究，并通过实地调查和访谈得到一部分资料，结合收集的其他资料，识别了关键变量的相互作用关系；再次，问卷调查阶段，基于成熟量表调整优化问卷，确保其科学性与适用性；最后，利用收集的数据进行信效度分析和多元线性回归模型分析，通过SPSS软件验证研究模型和理论假设的有效性，为产业投资基金提高投资绩效提供理论指导和实践建议。

实证结果显示，产业投资基金的投资机会识别、风险管理对投资绩效产生了重要的正面影响；投资决策机制对投资绩效具有明显的正面影响；投资决策机制具有部分中介的功能，即在加强投资决策机制规范化的前提条件下，通过投资机会识别、风险管理等能够对投资绩效产生明显的影响；投资环境具有调节效用，即投资环境在决策机制对投资绩效的影响过程中起到调节作用。

通过研究，本书提出产业投资基金的可持续发展模式，包括环境驱动模式、机制推动模式以及人才优化模式，同时提出4条实现路径，并从风险管理、投资机会以及决策机制3个方面提出发展策略，基于政府、行业、公司3个层面提出相应的建议。

通过探索性案例研究和实证分析，本书得出如下结论：（1）投资机会识别是投资绩效的前提和基础；（2）风险管理是投资绩效的保障；（3）投资机会识别是决策机制的资源与动力；（4）风险管理规范决策机制；（5）决策机制是提高投资绩效的关键助力；（6）投资机会识别在正确的决策机制作用下，能够更好地提升投资绩效；（7）风险管理融入决策机制，有助于做出正确决策，提高投资绩效；（8）良好的投资环境能够促进决策机制正向影响投资绩效。最后，提出了本书研究的不足及未来展望。

本书主要以产业投资基金为研究对象，通过剖析产业投资基金在发展中所遇到的内部、外部问题，对产业投资基金展开多案例调研与实证分析，以促进产业投资基金积极地进行投资制度和管理模式创新，对于产业投资基金的发展具有一定的实际参考意义。

目 录

第一章 绪 论

第一节　研究背景 / 003

　　一、我国产业投资基金发展现状 / 003

　　二、产业投资基金政策扶持现状 / 007

第二节　研究对象和研究问题 / 010

　　一、研究对象 / 010

　　二、研究问题 / 012

第三节　研究意义 / 015

　　一、理论价值 / 015

　　二、现实意义 / 017

第四节　研究内容 / 017

第五节　主要创新点 / 020

第二章 理论基础与文献综述

第一节 相关理论基础 / 025
一、投资组合理论 / 025
二、风险管理理论 / 027
三、企业投资理论 / 030
四、委托代理理论 / 032
五、决策理论 / 034

第二节 投资绩效相关研究 / 037
一、变量及其维度 / 037
二、影响因素研究 / 039

第三节 投资机会识别相关研究 / 044
一、变量及其维度 / 044
二、投资机会识别与投资绩效的关系 / 046
三、投资机会识别与决策机制的关系 / 049

第四节 风险管理相关研究 / 051
一、变量及其维度 / 051
二、风险管理与投资绩效的关系 / 054
三、风险管理与决策机制的关系 / 058

第五节 决策机制相关研究 / 060
一、变量及其维度 / 061
二、决策机制与投资绩效的关系 / 064
三、决策机制的中介作用 / 066

第六节 投资环境相关研究 / 068
一、变量及其维度 / 068
二、投资环境的调节作用 / 071

第七节　研究假设 / 073
第八节　研究模型与作用机理 / 074
　　一、研究模型 / 074
　　二、作用机理 / 076

第三章　案例分析

第一节　案例研究方法与步骤 / 083
　　一、案例研究方法 / 083
　　二、案例研究步骤 / 085
第二节　研究设计 / 085
　　一、案例选择 / 085
　　二、数据收集方法 / 086
　　三、数据分析方法 / 087
第三节　案例企业介绍 / 088
　　一、越秀资本 / 088
　　二、九鼎投资 / 089
　　三、冀财基金 / 090
第四节　归类分析 / 091
　　一、投资机会识别 / 091
　　二、风险管理 / 092
　　三、决策机制 / 093
　　四、投资环境 / 094
　　五、投资绩效 / 095
　　六、案例总结和命题推导 / 097

第五节　结果讨论与分析框架构建　/　098
　　一、投资机会识别与投资绩效　/　098
　　二、风险管理与投资绩效　/　099
　　三、决策机制的中介效应　/　100
　　四、投资环境的调节效应　/　100

第四章　实证研究的方法论

第一节　研究方法　/　105
　　一、文献研究法　/　105
　　二、问卷调查法　/　106
　　三、实地调查法　/　106
　　四、实证分析法　/　106

第二节　量表设计　/　110
　　一、投资绩效问卷量表设计　/　110
　　二、投资机会识别和风险管理问卷量表设计　/　111
　　三、决策机制问卷量表设计　/　113
　　四、投资环境问卷量表设计　/　114
　　五、控制变量　/　115

第三节　调查方案设计　/　117
　　一、确定调查对象及目的　/　117
　　二、确定抽样方法及样本容量　/　118
　　三、问卷设计　/　118
　　四、问卷的发放和回收　/　119

第五章　实证研究

第一节　样本基本情况描述 / 125

第二节　变量描述性统计分析 / 129

第三节　量表信效度检验 / 133

　　一、信度检验 / 133

　　二、KMO 值和 Bartlett 球形检验 / 136

　　三、探索性因子分析 / 138

　　四、验证性因子分析 / 144

　　五、共同方法偏差检验 / 147

第四节　相关性分析 / 150

第五节　回归分析 / 152

　　一、投资机会识别与投资绩效的回归分析 / 152

　　二、风险管理与投资绩效的回归分析 / 154

　　三、投资机会识别与决策机制的回归分析 / 155

　　四、风险管理与决策机制的回归分析 / 156

　　五、决策机制与投资绩效的回归分析 / 157

　　六、投资行为与投资绩效的回归分析 / 158

　　七、资产配置与投资绩效的回归分析 / 158

　　八、投资经验与投资绩效的回归分析 / 159

第六节　决策机制的中介效应 / 160

　　一、决策机制在投资机会识别对投资绩效影响过程中的中介效应 / 161

　　二、决策机制在风险管理对投资绩效影响过程中的中介效应 / 163

第七节　投资环境的调节效应 / 165

第八节　检验结果汇总 / 166

第九节　检验结果分析与讨论 / 168

一、投资机会识别与投资绩效的关系探讨 / 168

二、风险管理与投资绩效的关系探讨 / 170

三、决策机制的中介效应探讨 / 173

四、投资环境的调节效应探讨 / 175

五、投资行为、资产配置、投资经验与投资绩效的关系探讨 / 176

第六章 策略与建议

第一节 模式、路径与策略 / 181

一、构建产业投资基金可持续发展模式 / 181

二、打造产业投资基金发展实现路径 / 183

三、实施产业投资基金发展策略 / 185

第二节 研究建议 / 188

一、对政府的建议 / 188

二、对行业的建议 / 190

三、对公司的建议 / 190

第七章 结论与展望

第一节 研究结论 / 197

第二节 研究的不足 / 201

第三节 未来展望 / 202

参考文献 / 205

附录一　调查问卷　/　227
　　一、公司及个人基本资料　/　227
　　二、风险管理相关问题测量　/　228
　　三、投资机会识别相关问题测量　/　229
　　四、投资环境相关问题测量　/　230
　　五、决策机制相关问题测量　/　231
　　六、投资绩效相关问题测量　/　232
　　七、控制变量相关问题测量　/　233
附录二　访谈大纲　/　235
　　一、访谈目的　/　235
　　二、访谈方式　/　235
　　三、访谈对象　/　235
　　四、提问提纲　/　235

第一章

绪 论

近年来,我国经济高速增长,新产业迅速崛起,但各个行业的增长并不均衡。由于水平不一,很多行业都缺乏有效投资,传统产业的改造升级存在着巨大的投资机会识别困难。因此,在总结和借鉴西方发达国家私募股权基金运营经验和教训的基础上,为适应我国市场经济发展要求,并结合我国国情,产业投资基金这一新型金融产物应运而生。

第一节　研究背景

随着经济全球化的深入,我国产业投资基金公司参与国际高附加值、高技术含量的产业投资基金工程项目逐渐增多,风险管理与投资绩效逐渐成为企业决策机制关注的重点。

一、我国产业投资基金发展现状

(一)我国产业投资基金整体发展情况

我国产业投资基金虽然已经走过"早期成长—发展滞后—重新成长—迅速发展"的阶段,但仍处于初级发展阶段。

"中农信淄博乡镇企业投资基金"是中国人民银行于1992年特批设立的国内首个产业基金,1994年在上海证券交易所成功挂牌。受限于当时我国的相关法规体制尚不完善，证券市场监管不严，再加上地方金融体系还没有完善且频频遇到比较严格的治理整顿，产业投资基金发展进入了停顿状态。2005年11月，国务院办公厅针对产业投资基金发展困境，在天津市筹建规模为200多亿元的"渤海产业投资基金"。此后，更多的产业投资基金如雨后春笋般开始加速建立。近年来，产业投资基金作为我国各个地区财政上促进经济增长的有效政策措施，资金发行规模呈现了快速增长的趋势。

2014—2018年4年多的时间内，我国产业投资基金的投资规模增长了近10倍。2019年，产业投资基金的整体规模与一般公募基金的总规模接近，截至该年年底，产业投资基金总量已达2286只，募集完成的产业投资基金数量为565只，募集规模总计3.52万亿元，总体规模占我国资产管理总规模的25.7%左右。至2020年，产业投资基金已经超过了1万只，管理规模更是达到了10万亿元。随后的2022年，投资量小幅下降，共发生10650起投资案例，涉及金额为9076.79亿元，同比分别下降了13.6%、36.2%，市场的投资对象也发生了变化，从传统产业逐渐转向半导体、新能源和汽车等高新技术行业。大体来看，在政府的引导下，产业投资基金所涉及的领域不断扩大，不仅推动了新兴产业投资项目的扩大和投资机会的增加，也引领了传统产业的转型升级和发展。

（二）我国各省市产业投资基金发展状况

从整体上来看，随着政府对产业投资基金发展支持力度的加强，各省市也在国家的引导下积极开展产业投资基金相关工作，不断促进各省市产业投资基金市场规模的扩大。我国政府引导的产业投资基金主要包括国家级产业投资基金、省级产业投资基金、地市级产业投资基金和区县级产业投资基金4个类型。通过截至2020年年底的数据可以看出（见图1-1），省级政府产业投资基金目标规模最大，各省都在积极地推动产业投资基金的发展。2016年，全国省级产业投资基金总目标规模高达916亿元。随后几年较2016年有所减少，2017年、2018年和2019年分别为446亿元、541亿元和231亿元，在2020年降至低点，为21亿元。

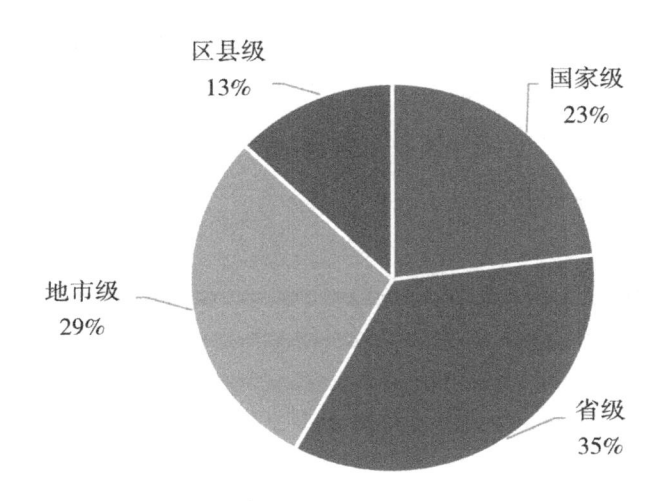

图1-1 截至2020年年底各级政府引导的产业投资基金目标规模分类占比情况

数据来源：前瞻产业研究院

为推动自身产业投资基金的发展，各省市纷纷因地制宜地采取了不同的支持方式。例如，浙江省利用政府产业基金，至2023年年末，全年累计直接投资项目46个，各类基金109只，并协调国家基金、区域基金和市场化基金，构建出优势资源整合的基金群，同时搭建信息共享平台，通过"投资担保"线上系统推动企业需求与金融资源相匹配；安徽省合肥市通过建立"引导性股权投资+社会化投资+天使投资+投资基金+投资管理"科技投融资体系，引导社会资本投向当地新兴产业，推动当地产业的转型升级；广东省深圳市建立"20+8"新兴产业集群，设立专项产业投资基金，吸引群体对这20个集群和8大新兴产业进行投资，不仅推动了基金目标规模的扩大，也促进了创投机构在深圳市的发展。

在基金设立规模方面，重庆市在2022年宣布成立了一个总规模达2000亿元的重庆产业投资母基金，力争形成一个超过6000亿元的产业基金集群；陕西省西安市则建立了总规模不低于1000亿元的重点产业链基金集群，旨在围绕"企业—链条—集群—生态"这一主线调整当地产业结构，推动整个产业的发展。如图1-2所示，是2023年部分省市产业投资基金的设立规模，从金额上来看，各省市都合理地发挥了自身的财政实力，为当地产业投资基金的发展创造了有利的条件。

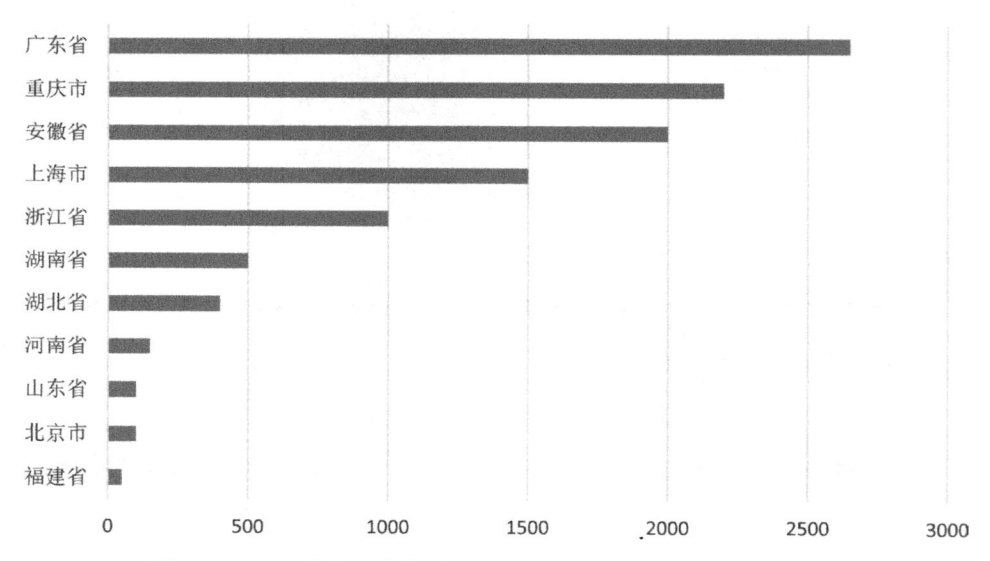

图1-2　2023年部分省市产业投资基金的设立规模如图1-2所示

数据来源：山西省产业基金管理有限公司

二、产业投资基金政策扶持现状

(一)国家出台的支持政策

根据近年来国家发展改革委、财政部多次出台的对产业投资基金的政策支持措施判断,产业投资基金将成为国家在经济发展新常态下激发需求、拓展企业投资渠道的主要途径,成为国家进一步落实产业政策,促进我国市场经济发展的主要措施之一,如表1-1所示。

表1-1 国家出台的支持政策

发布时间	政策文件	相关内容
2015年12月	《关于财政资金注资政府投资基金支持产业发展的指导意见》	规范有序地运用政府财政资金投资于产业投资基金,推动国家重点产业发展
2017年7月	《关于发挥政府出资产业投资基金引导作用推进市场化银行债权转股权相关工作的通知》	要加快推进供给侧结构性改革,充分发挥政府引导产业投资基金的积极作用
2017年11月	《关于进一步做好政府出资产业投资基金信用信息登记工作的通知》	提出重视政府出资产业投资基金信用信息登记工作,构建以信用为核心的政府出资产业投资基金行业新型市场监管机制
2018年8月	《关于做好政府出资产业投资基金绩效评价有关工作的通知》	提出开展政府出资产业投资基金绩效评价工作,对基金和基金管理人,运用科学合理的评价体系对产业投资基金的政策目标实现程度、投资管理能力、经济效益等进行客观评估

续表

发布时间	政策文件	相关内容
2019年10月	《关于进一步明确规范金融机构资产管理产品投资创业投资基金和政府出资产业投资基金有关事项的通知》	提出政府出资产业投资基金应满足以下条件：中央、省级或计划单列市人民政府（含所属部门、直属机构）批复设立，且批复文件或其他文件中明确了政府出资的；政府认缴出资比例不低于基金总规模的10%，其中，党中央、国务院批准设立的，政府认缴出资比例不低于基金总规模的5%
2020年2月	《关于加强政府投资基金管理 提高财政出资效益的通知》	提出强化政府预算对财政出资的约束；要发挥财政出资的杠杆作用，提升政府投资基金使用效能；实施政府投资基金全过程绩效管理；健全政府投资基金退出机制；禁止通过政府投资基金变相举债

资料来源：中国法律资源库

由此可以看出，国家对产业投资基金的发展十分重视。此外，随着产业投资基金的发展，国家也在不断完善相关法律法规，各地区为了支持国家政策，也相应地颁布了许多支持产业投资基金开展的优惠政策。

（二）各省市的相应政策

为响应国家号召，许多省市也纷纷颁发了针对当地产业投资基金发展的相关法律法规和优惠政策（见表1-2）。2019年8月，黑龙江省哈尔滨市人民政府办公厅颁布《哈尔滨市战略性新兴产业投资基金管理暂行办法》，提出战略性新兴产业投资基金由市财政出资，重点投向先进装备制造、现代生物医药、信息、新材料等重点产业领域。2020年8月，河南省发展改革委办公室颁布《关于做好企业债券和政府出资产业投资基金防范化解风险工作的通知》，范围涵盖全省，指出要健全风险防范化解机制，保证政府出资产业投资基金稳健运作，同时强化政府基金信用监管，并加强防风险宣传培训，提高基金投资人的风险识别能力。2021年6月，浙江省嘉兴市人民政府出台《嘉兴市政府产业基金管理办法（试行）》，提出在收益分配上发挥政府出资引导作用，产业基金可将取得的投资收益向合作对象进行让利，但不得承诺投资本金不受损失。2022年2月，云南省财政厅颁布《云南省重点产业投资基金管理暂行办法》，提出云南省重点产业投资基金采用"政府引导基金＋产业基金"的模式，并按照"政府引导、专业运作、风险可控"的原则运行。2023年10月，陕西省西安市人民政府办公厅发布《西安乡村振兴产业投资基金管理办法》，规范西安乡村振兴产业投资基金的运作管理，撬动引导更多的社会资本投入"三农"领域，推动农业农村实现现代化。2024年1月，江西省赣州市人民政府办公室印发《赣州市政府产业引导基金管理办法（试行）》，原则上要求未来需市财政出资设立的产业投资基金统一通过产业引导基金出资设立，产业投资基金可将产业引导基金出资部分所获得的超额收益让渡给产业投资基金管理人或社会出资人。

表1-2　各省市政策文件

时间	省市	政策文件
2019年8月	黑龙江省哈尔滨市	《哈尔滨市战略性新兴产业投资基金管理暂行办法》
2020年8月	河南省	《关于做好企业债券和政府出资产业投资基金防范化解风险工作的通知》
2021年6月	浙江省嘉兴市	《嘉兴市政府产业基金管理办法（试行）》
2022年2月	云南省	《云南省重点产业投资基金管理暂行办法》
2023年10月	陕西省西安市	《西安乡村振兴产业投资基金管理办法》
2024年1月	江西省赣州市	《赣州市政府产业引导基金管理办法（试行）》

资料来源：中国法律资源库

综上所述，可以发现产业投资基金整体市场广阔，其总量在未来也呈现出持续增长的态势。虽然近年来我国颁布了许多优惠政策支持产业投资基金的开展，但由于我国的产业投资基金还处在起步时期，资金管理和相应法律法规还不够完善，因此产业基金投资运行中的风险管理问题也越来越明显，在一定程度上损害了产业基金管理人和投资者的利益。因此，研究和处理产业基金投资风险管理问题既十分关键，也迫在眉睫。

第二节　研究对象和研究问题

一、研究对象

产业投资基金，简称产业基金。我国的产业投资基金是一种非公开募集资本，主要起源于西方国家的私人股权投资。根据国家发展改革委于2016年12月下发的《政府出资产业投资基金管理暂行办法》的相关规定，产业投资基金是指由公司通过发放投资收益凭证筹措资本，对未上市公司实施股权投资并进行企业管理服务的利益共享、风险平摊的复合投资体系，是符合中国经济发展客观需要的金融创新工具。其投资活动主要针对非上市的股权投资，大多以扶持新兴产业、促进产业转型升级为投资目的，并采取基金的形式运作。

根据法律实体的不同，产业投资基金的组织形式可以分为公司型、契约型和有限合伙型。

第一种公司型产业投资基金具有法人资格，是基于公司法成立的。这种类型下的基金公司与其他普通公司有相似的治理结构，并且每个基金投资人都可以被视为该公司的股东或投资者，拥有较大的参与权和知情权，有权参与公司的运营管理活动，因此这种类型的基金公司难以实现经营权与所有权完全分离，基金的决策管理容易受到投资人的影响。

第二种契约型产业投资基金则与公司型截然相反，它是以信托契约为基础，投资人只是基金的受益者，需要委托管理公司对基金进行运营管理，且无权参与任何管理活动。这种类型的基金运营真正做到了所有权与经营权相分离，有利于基金的长远稳定发展。

第三种有限合伙型产业投资基金与一般有限合伙型公司的运营模式相似，普通合伙人的出资较少，且为基金的管理者，但其需要承担无限责任。而有限合伙人则不参与基金管理，并以出资额为基础承担有限责任。

在现有的法律框架和监管体系下，要进行产业基金的实际运作只能采用一些间接的形式。许多产业基金或类产业基金的投资公司都是采取多种间接模式进行操作的，其运作模式主要有以下6种。

（1）先成立基金管理公司，再发起并管理各个投资公司，投资公司是众多基金之一。

（2）先有投资公司，再有管理公司。

（3）境外基金，境内管理。

（4）官办民营。

（5）合资管理。

（6）境外募集，境外管理。

任何投资的根本目的和动机都是获得高额投资回报，否则就会考虑退出。产业投资基金同样有它的退出方式，如通过公开上市、公司或个人赎买、变卖公司、退出产权交易市场、寻找新的投资人、买壳上市或者借壳上市等方式实现产业投资基金的退出。

产业投资基金的发展仍有较大的进步空间，法律框架、监管体系、运作模式、退出机制等都有待进一步完善。产业投资基金作为一种能够直接作用于相关产业发展的金融创新形式，其运营和发展与产业的发展直接相关，故研究产业投资基金及如何提升产业投资基金的投资绩效具有一定的现实意义。因此，本书选用产业投资基金作为研究对象。

二、研究问题

尽管当前我国产业投资基金发展很快，但尚处于起步的初期阶段，关于产业投资基金的运作机制、风险管理和有关理论问题等还亟须逐步澄清与完善。

（一）现实问题

作为产业资本与金融资本交叉融通的产品，我国产业投资基金有着优越的发展条件和巨大的成长机遇，在促进我国工业结构调整升级方面发挥着重要作用。但是其发展不够完善，在现实中仍存在运作机制、风险管控等多方面的问题，有很大的上升空间。

1. 监管体系不够完善

随着产业投资基金的发展，国内已经逐渐形成了一套较为完整的基金运营管理模式。但是近年来，随着基金发展的深入和行业覆盖面积的扩大，产业投资基金管控的缺漏逐渐暴露出来，各省市对于产业投资基金的监管仍然有待加强，相关的法律体系也仍未建设完整。从所能查到的资料来看，有关监管产业投资基金的国家级文件数量不多，部分地方政府虽然出台了关于产业投资基金相关活动的政策文件，但监管体系的建立和完善等在文件中仍未明确体现。因此，关于产业投资基金的管控仍有待加强。

2. 地区发展不平衡

前面的图 1-2 展示了 2023 年部分省市产业投资基金设立规模的大小，从图中数据可以看出，产业投资基金设立规模较大的，大部分集中在我国的东部沿海地区和中部发达地区，如广东省、重庆市和上海市。对于发达地区而言，产业投资基金的设立主要起到促进新兴产业兴起和发展的作用，而对于落后地区而言，产业投资基金的作用更偏向于促进传统产业的转型升级。但从基金设立的规模来看，显然中西部地区的基金设立规模要小于东部沿海地区，地区间的基金发展差异十分明显。因此，产业基金的发展如何在不同地区达到较为平衡的状态，并能够按照当地财政实际情况选择因地制宜的发展策略，仍是亟待解决的问题。

3. 基金运作效率低

从基金性质来看，产业投资基金属于长期型投资基金，具有高风险的特点，因此社会资本的募集目标常常难以达到，并且在基金管理时容易出现逆向选择，导致基金失去一定的获利机会。同时，为保证产业投资基金的运作能够符合我国宏观经济发展方向，我国的产业投资基金大部分以财政投资为主、社会资本为辅，在基金的管理上容易受到政府意志的限制。因此，基金的运作效率难以得到提升。

（二）理论问题

如何提升产业投资基金的投资绩效，是当下各大企业面临的一大难题。从企业做出一项投资决策到投资产生绩效，在这期间有众多因素发挥着作用。在当下研究中，学术界虽然针对投资机会识别、风险管理、决策机制分别提出了不同的理论观点，但是其对投资绩效的影响机制还有待进一步研究。本书主要围绕"产业投资基金如何通过投资机会识别、风险管理、决策机制来提升企业的投资绩效"这一核心问题展开，研究问题具体包括以下6个方面。

1. 投资机会识别与投资绩效的关系

识别出投资机会是产业投资基金进行投资的第一步，也是最关键的一步。只有识别出市场上的投资机会，企业才能做出相应的投资决策，并从投资行为中获益或者损失利益。毋庸置疑，投资机会的识别会对企业的投资绩效产生影响，而问题在于投资机会识别如何影响企业的投资绩效，又会对企业的投资绩效产生什么样的影响，这是本研究讨论的重点问题之一。

2. 风险管理与投资绩效的关系

风险管理是产业投资基金进行投资时不可缺少的管理行为。企业可以通过把控风险来增大企业获益的可能性，但风险管理如何影响企业的投资收益以及会产生什么样的影响，是一个尚待研究的问题。

3. 决策机制与投资绩效的关系

企业进行投资是一种决策行为，需要以合理的决策机制来支持企业做出正确的投资决策，并在一定程度上影响企业的投资绩效。因此，决策机制如何影响企业的投资绩效便成为一个重点问题，也是本研究讨论的核心问题之一。

4. 决策机制是否在投资机会识别、风险管理对投资绩效的影响中起到中介作用

决策机制是企业经过实践日渐成熟的一套管理机制，是企业做出投资决策的重要支撑。无论是投资机会识别还是风险管理，都需要通过企业的管理层来做出相应的决策，都离不开一个合理的决策机制。基于这一观点，本研究认为，在分析投资机会识别和风险管理对投资绩效带来何种影响的过程中，有必要深入探讨决策机制的中介作用。

5. 投资环境是否在决策机制对投资绩效的影响中起到调节作用

企业的投资行为处于一定的投资环境中，势必会受到环境的影响。那么，从做出投资决策到投资行为产生收益的过程中，投资环境是否在其中发挥着某种作用？应该如何利用投资环境的作用来提升投资绩效？

6. 投资绩效的其他影响因素

可能影响产业投资基金投资绩效的因素众多，其中，投资行为、资产配置和投资经验是值得关注的3个方面。对此，需要研究的问题是：投资行为能否对投资绩效产生影响以及产生什么样的影响？什么样的资产配置是有利于企业的产业投资基金产生收益的？投资经验对企业投资绩效的影响程度如何，以及它是如何影响企业投资绩效的？

第三节 研究意义

产业投资基金对我国的经济发展产生了极其深远的影响，市场极具发展潜力，但同时也存在着我们无法预测估量的风险，如何控制公司内部和外部环境中的经营风险和不确定性，已成为企业管理的关键。因此，研究产业投资基金风险管理与投资绩效之间的关系成为一项重要的课题。

一、理论价值

本书力求构建关于我国产业投资基金发展趋势的基本研究框架，对产业投资基金的基本内容、性质、发展现状及趋势做出清晰划分；对产业投资的风险管理问题进行深入研究，探讨产业投资的运作机制、管理模式以及风险管理策略；阐述产业投资公司的设计思路、目标设定，及其进行风险管理的有关措施与实现途径等，为该方面的深入研究奠定基础。

第一，本书探讨了产业投资基金的投资机会识别对投资绩效的影响作用，丰富了二者之间关系的相关研究。成功的投资机会识别对于基金发展而言，是扩大基金规模、推动基金长久发展的重要手段。但就目前已有研究而言，关于投资机会识别对基金投资绩效的影响机制的研究数量仍然较少，研究深度也较为浅薄，相关研究并未得到及时的扩充和发展。因此，本书以产业投资基金的特性为基础，结合实际研究的需要，构建模型验证投资机会识别与投资绩效的影响机理，丰富产业投资基金投资机会识别和投资绩效的理论研究，并完善和发展投资组合理论等投资相关理论。

第二，目前已有不少学者对风险管理及其对投资绩效的影响做了研究，但已有文献对于产业投资基金风险管理的本质内涵，以及风险管理如何影响产业投资基金投资绩效等问题尚没有足够的分析和解释。因此，关于两者的关系及影响路径仍然值得深入研究。本书在风险管理的内涵以及相关研究的基础上，通过研究产业投资基金风险管理的策略和实行措施，探索风险管理对投资绩效的影响路径和影响效果，不仅有助于进一步明确风险管理的理论研究基础，还有助于揭示风险管理与投资绩效之间的影响机制，丰富风险管理和投资绩效的理论研究，使相关投资理论得到进一步的发展。

第三，本书探讨了决策机制在投资机会识别、风险管理与产业投资基金投资绩效关系中的中介作用，丰富了决策机制的相关研究。决策机制是基金管理人或基金管理公司在进行投资决策之前所建立的决策程序，合理的决策机制可以使基金管理者做出更优的投资决策，同时也可以限制管理者的投资权力，使投资决策更加科学。但目前关于决策机制在产业投资基金决策中的应用的相关研究较少，且缺乏实证研究进行验证。因此，本书在探讨决策机制的概念和维度的基础上，将决策机制应用到研究投资机会识别、风险管理与投资绩效的关系中，探讨其如何在投资机会识别、风险管理与投资绩效之间发挥作用，在丰富决策机制相关研究的同时，也开拓了新的视角，推动决策机制中介作用的理论发展。

第四，本书在前几个模型的基础上新增了投资环境作为调节变量。投资环境指的是基金管理人或基金管理公司在进行基金的选择和投资时所处的实际经济环境和社会环境，比如一国的宏观经济状况、政策支持情况等。在以往的研究中，对于投资机会识别、风险管理与投资绩效的关系有过探索，但鲜少有文献对投资环境的调节作用进行理论研究，相关的实证分析研究则更少。因此，本书在对投资环境的概念和维度进行总结的基础上，将投资环境作为调节变量引入投资机会识别、风险管理、决策机制和投资绩效关系探究模型中，探讨其作为调节变量如何在模型中发挥调节作用，丰富了投资环境的相关研究，也为后续投资环境的实证分析研究提供了新视角。

二、现实意义

产业投资基金的运行涉及多方主体，因此，本书的研究对政府、市场及相关人员来说具有一定的现实意义。

从政府层面来看，对于我国产业投资基金进行深入研究分析，具有一定的现实意义。一方面，本研究有利于政府更加精准地把控产业投资基金的实际情况，并制定切合实际的产业投资基金政策，以促进产业投资基金的发展；另一方面，我国的产业投资基金大部分是由政府主导，本研究有利于政府对产业投资基金的发展进行规划。

从企业市场层面来看，产业投资基金的存在有利于扶持新兴产业、促进产业转型升级，本研究能够为市场优化相关机制、促进产业投资基金发展提供一定的借鉴。

对于产业投资基金的从业人员及其他受益方等相关人员来说，本研究有利于其增加对产业投资基金的了解，并从投资机会识别、风险管理、决策机制等方面入手，制定切实可行的改进计划。此外，本研究能够为相关人员制定有利于产业投资基金的战略规划提供一定的借鉴。

第四节　研究内容

本书的结构按照以下的顺序进行：提出问题明确研究方向、文献综述、探索性案例研究、理论推演和假设提出、实证研究及假设检验、研究结论意义及研究局限性，如图 1-3 所示。

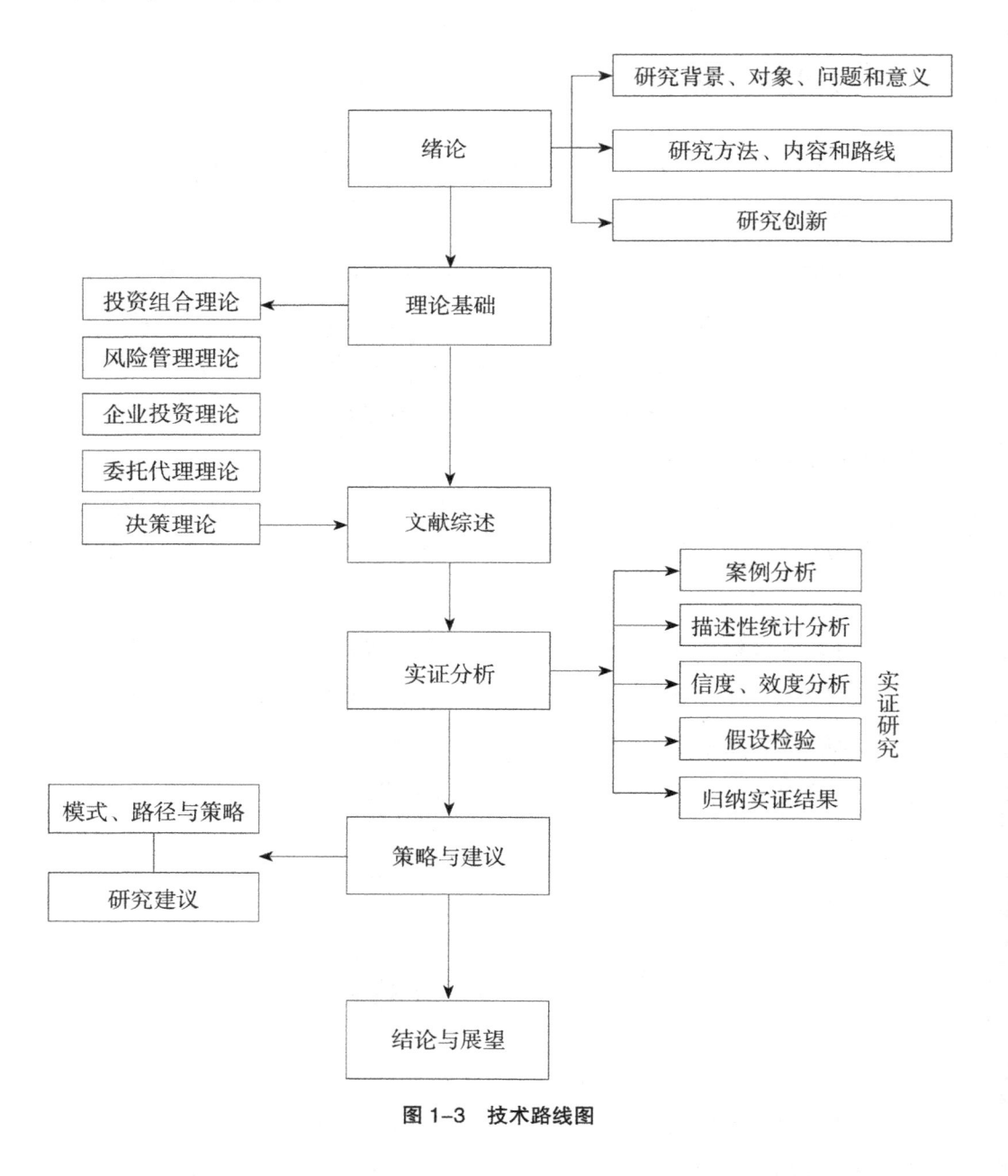

图 1-3 技术路线图

第一部分为绪论。主要介绍研究背景、研究对象及问题、研究意义，并阐述了研究内容、研究方法和技术路线。

第二部分为理论基础与文献综述。首先介绍了本书涉及的理论基础，包括投资组合理论、风险管理理论、企业投资理论、委托代理理论和决策理论等；其次梳理了投资绩效的现有研究及其影响因素、投资机会识别与投资绩效/投资机会识别与决策机制作用关系的现有研究、风险管理与投资绩效/风险管理与决策机制作用关系的现有研究、决策机制中介作用的相关研究、投资环境调节作用的相关研究等，提出了本书的研究假设与研究模型，并分析了相应的作用机理。

第三部分为案例分析。首先，介绍案例研究方法、步骤、案例选取、数据收集及数据分析的方法；其次，通过对广州越秀资本控股集团股份有限公司（以下简称越秀资本）、昆吾九鼎投资控股股份有限公司（以下简称九鼎投资）及河北省冀财产业引导股权投资基金有限公司（以下简称冀财基金）3家案例公司的介绍及归类分析，进一步明确投资机会识别、风险管理、决策机制、投资环境及投资绩效之间的关系，为本书研究的展开奠定了基础。

第四部分为实证研究的方法论。本书基于实证主义哲学，采用定量研究方法，通过问卷调查方式开展实证调查。研究如何分析投资机会识别、风险管理对投资绩效的影响关系，建立投资机会识别、风险管理、决策机制、投资环境与投资绩效的影响关系模型，并介绍研究过程和研究方法。以我国产业投资基金为研究对象，根据变量定义设计问卷，在获得问卷数据后进行信度和效度分析。

第五部分为实证研究。运用实证分析的方法对产业投资基金投资机会识别、风险管理、决策机制、投资环境和投资绩效的关系进行实证分析。在此过程中，采取问卷的方式收集基础数据，并利用统计软件 SPSS 20.0 对调查数据进行描述性统计分析、信度检验、效度检验、因子分析和相关性分析，在确定数据可信且有效的基础上对数据进行多元线性回归分析、中介效应检验和调节效应检验，并验证了投资行为、资产配置及投资经验对投资绩效的正向影响，进一步验证理论假设。通过对样本数据进行严格的验证和分析，结合理论假设与数据结果，深入讨论了各变量之间的影响关系，从而得出科学严谨的研究结论。

第六部分为策略与建议。结合理论分析以及实证检验的结果，总结产业投资基金的可持续发展模式、发展实现路径以及发展策略，并从政府、行业及公司3个方面提出建议。

第七部分为结论与展望。基于本书研究归纳总结研究结论，并阐述了本书研究的不足及未来展望。

第五节　主要创新点

本书在对国内外文献分析的基础上，深入研究我国产业投资基金存在的主要问题、发展过程中遇到的瓶颈及其产生的原因，并且对产业投资基金运作的整个市场风险管理、问题、成因进行详细分析，在以下几个方面做出了创新。

第一，视角创新——以决策机制为中介视角分析投资绩效的影响因素。在现有的研究资料中，关于投资决策机制在产业投资基金的投资机会识别、风险管理等对产业投资绩效影响过程中的中介角色的研究资料较少。本书构建了产业投资基金投资机会识别、风险管理作用于决策机制，并对产业投资基金投资绩效产生影响作用关系的研究模型。从决策机制的中介视角出发，在研究投资机会识别、风险管理对投资绩效的直接作用的基础上，进一步完善各因素对产业投资基金投资绩效的作用机制，并为促进产业投资基金投资绩效的提升提供新思路。

第二，应用创新——多角度研究为提升产业投资基金投资绩效提供应用价值。本书研究中选用的变量包括投资机会识别、风险管理、决策机制、投资环境等，其中识别投资机会是进行投资的关键步骤，风险管理更是投资全过程中必不可少的管理过程，决策机制是企业投资过程中做出投资决策的重要支撑，投资环境是投资所不可忽略的重要因素。本书创新性地从多角度同时分析产业投资基金投资绩效的影响因素，更全面地剖析如何使产业投资基金的投资绩效得到提升，为产业投资基金的建设提供应用价值。

第三，方法创新——定量与定性结合。本书研究中采用了定性与定量相结合的研究方法，同时使用案例分析和实证分析，创新性地将此方法应用于投资机会识别、风险管理、决策机制、投资环境、投资绩效等多变量的研究中，一方面使得研究结果更加可靠，另一方面也丰富了定性与定量相结合方法的使用范畴。

本章小结

首先，介绍了产业投资基金的研究背景，包括发展现状及政策扶持现状；其次，明确了本书的研究对象，并提出了研究问题；再次，从理论及现实两方面阐述本书的研究意义；最后，明确了本书研究所使用的研究方法及相应的研究内容，并阐释了本书的主要创新点。

第二章

理论基础与文献综述

本章主要阐述相关理论基础,包括投资组合理论、风险管理理论、企业投资理论、委托代理理论及决策理论。此外,还对变量相关文献进行了梳理,包括投资机会识别、风险管理、决策机制、投资环境及投资绩效。

第一节 相关理论基础

产业投资基金作为一种新型金融工具,无论是由政府还是企业牵头或推动,其形成与运作都有一定的理论支持。对产业投资基金风险管理的有关成功经验和理论研究成果等加以整理汇总,有利于进一步提高产业投资基金的投资人、机构以及行业工作人员等对产业投资基金基本内容和理论架构的了解与认知。

一、投资组合理论

在 20 世纪 50 年代以前,虽然已经有学者提出了投资组合管理的理念,但是没有形成完整的体系,其基本思想是考虑在不确定条件下追求风险最小化和收益最大化,这同时也是现代投资组合理论的精髓。1952 年,Markowitz 提出了现代投资组合理论的主要思想,即投资者的效用是关于投资组合的期望收益率和标准差的函数,一个理性投资者总是在一定的风险承受范围内追求尽可能高的收益率,或者在保证一定的收益率下追求风险的最小化,通过选择有效的投资组合,从而实现期望效用最大化。此后,经过半个多世纪的发展,投资组合理论研究已经取得了丰富成果,在实践中被广泛应用。

投资组合理论的相关文献,如表2-1所示。

表2-1 投资组合理论文献

作者	观点
Hicks（1953）	提出了分离定理,并解释了由于投资者有获得高收益低风险的期望,因而有对货币的需要。同时认为,和现存的价值理论一样,应构建起货币理论,并将风险引入分析中,因为风险将影响投资的绩效,影响期望净收入
王庆石等（2001）	建立了一种新的风险调整测度指标——综合评价测度指标,该测度指标能够合理地实现对单个投资组合的绩效评价和对多个投资组合的绩效排序,提高了基金绩效评价可信度
Dammon等（2001）	投资者在生命期内根据分散化收益和交易税收之间的平衡关系调整资产组合,调整资产组合的积极性与现有资产组合的收益和投资者年龄有关
吴振翔等（2004）	运用Archimedean Copula函数模型给出了确定两种外汇最小风险（VaR）投资组合的方法,并用该方法对欧元和日元的投资组合做了相应的风险分析,得到了二者的最小风险投资组合,并对不同置信水平下的VaR和组合系数做了敏感性分析
吴卫星、齐天翔（2007）	采用Probit和Tobit模型对中国居民的股票市场参与和投资组合的影响因素进行了分析,主要有以下实证发现:首先,不流动性资产特别是房地产的投资显著影响了投资者的股票市场参与和投资组合,而且影响以替代效应或挤出效应为主;其次,投资者在进行投资组合时极少利用股票市场对其未来现金流所承担的风险进行对冲,也就是说,中国居民投资的生命周期效应不明显;最后,中国居民投资的财富效应非常显著,财富的增加既增加了居民参与股票市场的概率,也增加了居民参与股票市场的深度

续表

作者	观点
陈其安、朱敏、赖琴云（2012）	当投资者过度乐观时，将通过银行借贷融资等方式购买超额风险资产；当投资者情绪处于相对理性状态时，将合理分配无风险资产和风险资产的投资比例；当投资者情绪处于悲观状态时，将卖空风险资产。当投资者情绪处于过度乐观和相对理性状态时，投资组合预期超额收益与风险正相关；当投资者情绪处于悲观状态时，投资组合预期超额收益与风险负相关
高江藤（2013）	传统的方差－协方差风险管理方法和基于正态 Pair-Copula 构建模块的藤 Copula 的方法不能通过多资产投资组合的 VaR 预测返回检验，而基于 Student-t Copula、Clayton Copula 等具有尾部分布特征的 Copula 构建模块的藤 Copula 模型能够有效地用于多资产投资组合 VaR 预测，从而更好地用于指导实践
宋陆军、沙义金（2023）	投资组合构建过程可以分为资产选择和资金配置两个步骤。资产选择取决于投资者偏好，以及投资者获得的知识或信息；资金配置可以利用 Markowitz 投资组合理论和遗传算法等模型来确定
张鹏、林晓妮（2024）	在样本内，通过计算出不同乐观系数下的最优投资者组合的有效前沿并进行分析；在样本外，通过"滚动样本"的方法，将模型的夏普比率与等比例投资组合模型进行比较研究，验证了其投资效果

投资组合理论为企业投资提供了一定的理论借鉴，对于本书的研究对象产业投资基金而言，是其做出投资决策、优化自身发展的理论基础。因此，了解投资组合理论有助于进一步了解产业投资基金的投资行为并开展相关研究。

二、风险管理理论

风险管理作为一种经营和管理的理念，具有悠久的历史。现代意义上的风险管理思想出现在 20 世纪前半期，如法约尔的安全生产思想、马歇尔的风险分担管理观点等，但是风险管理作为一门学科得到系统的发展，则是始于 20 世纪中叶。从 20 世纪 50 年代到 70 年代，风险管理的相关研究主要是对风险管理对象进行界定和分析，并将风险管理理论融入主流经济学和管理学的分析框架中。从 20 世纪 70 年代末到 20 世纪末，发展出了新的风险管理工具——ART（Alternative Risk Transfer，即另类风险转移）。结构性工具的大量应用在方便企业进行风险管理的同时，也由于其杠杆性的特点会放大企业使用策略不当造成的损失，因此衍生产品的使用和管理策略就变得十分重要。进入 21 世纪以来，风险管理发展到了全面风险管理的阶段。全面风险管理的出现和应用为企业风险管理提供了新的方法和工具，其应用领域十分广泛，从企业、非营利机构到政府都逐步引入了这个分析框架。

风险管理理论的相关文献，如表 2-2 所示。

表 2-2　风险管理理论文献

作者	观点
Black、Scholes（1973）	提出了著名的 Black-Scholes 期权定价模型，解决了期权定价问题，推动了金融衍生产品的迅速发展和现代金融风险管理市场的形成，为企业的风险管理提供了更为精确的工具，企业可以通过金融衍生工具市场的交易进行风险管理，既可以通过金融衍生品交易来转移市场风险，也可以通过信用衍生品交易来进行信用风险管理
李天庚（2004）	企业风险的发生，将最终体现为企业实际经营绩效与经营目标之间出现非预期的负偏差
唐振达、柯学宁（2006）	当代企业风险管理存在 3 个问题：现代企业管理信息系统的非完全性隐藏着潜在的管理风险；现代企业管理信息系统的失效，会引起现代企业管理风险；对现代企业风险管理成本和效益关系的错位认识，将直接导致现代企业风险管理缺位

续表

作者	观点
严复海、党星、颜文虎（2007）	全面风险管理模式可概括为"全球的风险管理体系、全面的风险管理范围、全员的风险管理文化、全程的风险管理过程、全新的风险管理方法、全额的风险计量"
敖世友（2011）	针对传统定性评价方法的不足和企业风险评估系统的复杂性特征，引入管理熵理论作为研究企业风险评估系统评价的理论基础，在此框架下提出了企业风险评估系统中各评价要素管理熵值的计算公式，结合各评价要素相关性分析，以及各评价要素权重系数的调查统计分析，得出基于管理熵理论的企业风险评估系统评价模型，为企业风险评估系统的定量评价研究提供了理论依据
吕文栋、赵杨、田丹、韦远（2017）	针对现行风险管理框架体系、指引、标准存在的无法有效应对不可评估风险的问题，从企业能力角度重述了风险的内涵，构建了应对不可评估风险的弹性风险管理框架体系，创新性地提出企业风险管理的实质是"守住底线"和"拓展空间"，企业通过整合差异化管理活动——"创新性"活动和"效率性"活动，方能有效管理风险
袁峰、许凌珠、邵祥理（2022）	基于风险分析、识别、评估和管控的风险管理框架，从阶段式和整体式角度对互联网保险产品创新风险进行分析，厘清了互联网保险产品创新风险形成机理，以综合视角识别出互联网保险产品创新主要风险包括财务风险、信用风险、操作风险和网络技术安全风险
宋新平、刘馥宁、申真、李明星（2024）	构建了一个经过实践验证的理论模型——SCRMCI模型，以"数据—信息—知识—情报"的信息链为主线，从过程视角解析了供应链风险管理与竞争情报的融合机制

虽然产业投资基金所进行的是高风险投资，但其回报也高。从国外实际的投资成功经验来看，产业基金所投项目中只有10%会取得成功，项目失败率高达60%，剩余的30%表现一般，盈亏持平。10%的成功率说明了我国产业投资基金运营过程中可能面临的风险是巨大的，再加上我国的产业投资基金还在发展之初，发展条件还不够完善，使得企业自身的风险和问题更加严

重。所以，人们在看到产业投资的前景时，也要理性看待产业投资基金中所存在的各类问题及可能遇到的各类风险。因此，了解风险管理理论有助于深入剖析风险管理的作用机制。

三、企业投资理论

早期的西方投资理念大多形成于 19 世纪 70 年代初期，随后委托代理理论、契约理论、信息不对称理论、公司治理结构理论逐渐应用到了现代公司经营中，为投资科学的发展翻开了新的篇章。宏观经济学中的投资理论逐渐发展为成熟的理论体系，发展过程中出现了持有不同观点的两个流派。其中，以凯恩斯为代表的研究流派深入发展了新投资学派的资本学说理论体系，使资本理论的投资理论得到了进一步完善。至今，国内外高校在进行有关投资理论的教学时，大部分师生都将凯恩斯投资理论、新经典投资理论等作为重要参考。

20 世纪 30 年代，凯恩斯主义投资理论问世。该流派的思想基础是凯恩斯的作品《就业、利息和货币通论》，经过研究和改善，已建立了相对完善的经济理论系统。其学说的基本理论起点是投资需求，认为投资绩效与资金收益率成反比，投资绩效上升的同时资金收益率下降，而投资绩效与资金边际效率成正比，投资绩效下降的同时资金边际效率上升。凯恩斯主义投资理论首先从宏观层次上说明了影响企业投资效益的主要因素，即资本边际效率和资本收益率，对现代资本理论的发展和应用产生了深远的影响。但是，在后来的研究中，经济学理论界内创造性地提出资本效益的影响因素较多，因此不能仅仅归结于资本边际效益和资本收益率，那样是不够全面的。

企业持续发展的主要保障和获取预期经济效益的保证是企业投资，不过，因为面临较多的不确定因素，所以，一个项目在获取利润的同时还会受到风险的影响，投资能推动企业成长却也会带来企业管理风险。产业投资基金虽然具有一定的政策性，但保障广泛投资人获得适当回报仍是其宗旨。国内外关于企业投资理论的研究较多，部分文献如表 2-3 所示。

表 2-3　企业投资理论文献

作者	观点
Hart、Moore（1990）	开创性地提出了不完全契约理论，引发了学者对契约环境与企业投资行为研究的热潮。不完全契约理论指出，由于现实中契约的制定往往是不完全的，导致事前的专用性投资不能写入契约或向第三方证实，因此投资方事后可能存在被"敲竹杠"的风险，这将使投资变得无效率或低效率
王化成、胡国柳（2005）	第一大股东持股比例与企业投资多元化水平显著负相关；国有股比例与企业投资多元化水平负相关，但相关性不显著；法人股比例与企业投资多元化水平基本无关；流通 A 股（社会公众股的替代）比例与企业投资多元化水平显著正相关；流通 B 股对企业投资多元化水平的影响可能是负向的
刘星、杨亦民（2006）	融资结构与企业投资显著负相关，但是在分类检验中表现有所不同，高成长企业的融资结构与投资支出的负相关关系进一步提高，而在低成长企业中没有发现融资结构与企业投资支出显著负相关的证据
蔡卫星、赵峰、曾诚（2011）	以我国 2007—2008 年 586 家民营上市公司为样本，实证得出政治关系可以促进民营上市公司的投资支出，对小公司而言更是如此
杨畅、刘斌、闫文凯（2014）	使用中国上市公司的数据发现，在良好的契约环境中企业更倾向于扩大长期投资的规模
黎邵凯、全诗凡、张广来（2020）	企业对外投资行为有效降低了我国要素市场扭曲程度，提升了市场要素资源的利用效率
肖叶、刘小兵（2023）	作用机制分析结果表明，直接税比重的提升，在降低企业现金流水平的同时，通过增加企业债务融资促进了企业固定资产投资水平的增长
孔丹丹、汪发元、张东晴（2023）	科技创新、外商投资都能显著促进对外开放水平的提升；科技创新通过外商投资的中介作用，促进对外开放水平的提升

研究产业投资基金，必然要以企业投资理论作为研究基础，了解现有研究中学者们关于投资的观点，进而提出有利于产业投资基金发展的建议。因此，以企业投资理论作为理论基础之一，有利于本书对产业投资基金的投资进行研究。

四、委托代理理论

委托代理理论是20世纪60年代末70年代初因一些经济学家不满阿罗－德布鲁体系中的企业"黑箱"理论，通过深入研究企业内部信息不对称和激励问题而发展起来的。现代意义上的委托代理概念最早是由Rose在1973年提出来的，当双方当事人中代理人一方行使某些决策权并且代表委托人一方的利益，委托代理关系随之形成。理性人假设作为委托代理理论的研究基础，在设定了必要的激发限制条件下，能够对其他人的行为做出预测，并通过委派人与代表之间的激发限制要求达到统一，从而达到最佳激励效果。在现代市场经济中，委托代理关系（契约联系）存在于各种企业以及各项经济交易之间，是市场经济活动中最基础、最广泛的合作关系。

按照委托代理理论，公司资本的负担者就是公司的所有者，也就是在合同关系中的当事人。而公司的负责人即为委托人，其责任是给公司带来最大限度的收益。但在实际中，由于当事人利益的不一致，当遇到信息不对称甚至信息系统不完善等状况时，代理人是否会为了谋取自身利益而不顾及委托人的权益（即对委托人利益造成损害），我们不得而知。由此可见，信息不对称问题给委托代理关系带来了极大的破坏风险。由于信息不对称问题普遍存在于市场经济行为中，因此委托代理理论探讨了在此情况下，处在信息优越位置的代理人（可轻易获取全面的信息）与处在信息劣势位置的委托人（获取信息存在局限和片面性）间的利益博弈问题。如表2-4所示，是学者们关于委托代理理论的部分观点。

表 2-4　委托代理理论文献

作者	观点
Arrow（1985）	代理问题的两类来源是"逆向选择"和"道德风险"
涂颖清等（2009）	企业管理者的自私、企业的复杂性、信息传递工具的不发达会直接导致委托代理理论中的道德风险产生，从而增加代理成本，而能够有效降低风险从而减少成本的最好方式就是构建激励机制
赵蜀蓉等（2013）	通过委托代理理论对 Cournot 和 Stackelberg 寡头竞争模型进行分析，结果证明委托人对代理人的激励强度越大，就能够获得越多的期望收益
李炳堃（2017）	在国有资本中新增委托代理层级，即"国有资本投资运营公司"，有助于解决原国资委模式中存在的问题，并通过降低制度性的交易费用，从而达到降低代理成本的目的
吴小节、曾华、汪秀琼（2017）	在研究主题上，目前委托代理理论在中国管理研究中的应用主要分布在金融理财、财务会计、高管团队、家族企业、治理机制、董事会和公司战略 7 个领域，并且在不同时期呈现出不同的研究重点和热点；在理论应用上，大多数研究仍以直接引用为主，模仿和跟随特征显著，尽管有少量研究通过整合其他理论视角以拓展委托代理理论研究范围，但仍存在引用理论视角名称不规范、研究主题与主流研究类似、与中国情境和实践相关的研究相对较少等问题
乔朋华等（2019）	委托代理理论可以表明 CEO 是机会主义者和自私的代理人，但同时也是企业最好的代言人，CEO 的言行举止对于企业绩效具有重要的影响
李正图（2020）	随着企业所有权和经营权相分离，委托人由于追求资本收益最大化，导致要求企业的效率最大化，但代理人追求的是薪酬和在职消费最大化，导致企业规模最大化却不能达到效率最大化，使得企业的潜在利润与实际利润、潜在效率与实际效率间存在缺口，这是委托代理情境下代理人的努力方向偏离委托人的努力方向所导致的
王熹（2022）	基于委托—代理理论，学者们围绕着经理人激励机制与努力水平选择问题，从"理性经济人"到具有"社会偏好"人性假设演进脉络做了大量研究

续表

作者	观点
侯贵生、神琪、宋于心（2022）	基于双重委托代理理论，构建技术创新企业、地方政府、中央政府三方演化博弈模型，探讨"三赢"均衡策略
许明辉、袁睢秋、秦颖、张佳（2024）	基于委托代理理论，构建由回收绩效—支付构成契约的可行配置集和激励回收商显示真实能力及付出最优努力的激励相容约束，建立同时克服逆向选择和道德风险问题的最优激励机制模型，探讨回收渠道竞争与合作关系对制造商最优契约安排及回收模式选择的影响机理
李鹏虎、王传毅（2024）	由于委托人和代理人之间存在明显的信息不对称，在资源由委托人分配的情况下，代理人可能会基于自身利益而做出机会主义的行为，如选择性执行、替换性执行和象征性执行等，在满足自身效用最大化的同时降低需要承担的风险

通过以上文献梳理，发现委托代理理论可以作为企业研究的理论基础，管理者和所有者的分离，是当下企业的常用管理方式之一。同样，产业投资基金也可能出现委托代理问题，这是因为产业投资基金市场主体包括资金提供者、产业投资基金和受资企业，由于三者的投资追求目标不一致，迫使产业投资过程中双重委托代理这一重大问题的发生。而且，因为受资公司多处在初创期，所以其未来的发展面临着很高的不确定性，与此同时也面临着因为信息不对称而带来的巨大风险。所以，解决产业投资活动中的委托代理问题迫在眉睫，能否正确解决此类问题，将显著影响我国产业投资基金市场的管理状况。因此，了解委托代理理论有助于本书开展对产业投资基金的研究。

五、决策理论

决策是指组织或个人为达到一个目标或解决某个问题，在两种或两种以上的备选行动方法中，按照某个规范（准则）选定一种的行动步骤，包括识别问题、收集信息、设计讨论、进行预测和优选，以及执行过程的管理与反馈、必要的跟踪等。在人类的日常经济管理实践活动中，存在着大量的不同决策的实践活动，决策的胜利与否也直接关乎最后成果。中华民族关于决策经验的研究具有漫长的发展历程，《孙子战法》《战国策》《左传》《史记》《资治通鉴》等古籍，均记录着中国古代大规模的决策制度、决策思路和决策案例。

决策科学诞生于 20 世纪 50 年代，它起源于统计决策的理论研究，是伴随近代工业、社会科学迅速发展而演变生成的一门综合性学科。近代决策理论的发展离不开西方经营管理工作的实践和学术界的努力，管理学科意义上的"选择"（Decision-Making），直译过来就是"做出选择"。西蒙指出，"决策是管理的心脏"，而决策又直接影响着一支团队发展的好坏，直接关系到一支团队的生死存亡。

决策理论的部分文献，如表 2-5 所示。

表 2-5 决策理论文献

作者	观点
Xu 等（2007）	提出了一种基于不确定语言有序加权平均算子和不确定语言混合聚合算子的多属性群决策方法
苏敬勤、崔淼（2011）	企业家的经验和社会资本是企业家的异质性认知资源，引致了企业家和非企业家管理决策方案在创新性和适用性上的异质性；在没有社会资本的支持下，企业家经验与管理决策方案创新性之间呈倒 U 形关系，对方案的适用性有正向影响；而在社会资本可得的情况下，企业家经验与社会资本均对方案的创新性和适用性有显著的增强效应
苏治（2011）	从古典经济学对理性的最初描述开始，系统地讨论了博弈论框架下的理性特征、理性预期对现代金融理论发展的影响、有限理性修正、凯恩斯批判、噪声交易的存在性以及行为金融学关于投资者非理性行为的解释

续表

作者	观点
伍建民（2015）	科学研究的决策因素主要有规划布局、自由探索、能力建设、人文环境、开放合作等
丰景春等（2017）	以PPP模式下政府与企业的匹配关系为研究对象，运用灰靶决策理论对PPP项目政企之间的多种指标评价信息进行定量化处理，通过确定各指标靶心距来衡量政企之间的匹配满意度，最终构建PPP项目政企匹配模型
曾大军等（2021）	提出4个值得深入探索的研究方向，包括管理决策环境下的机器行为模式及其演化、人机协同中人的行为塑造和特征、人机协同决策的新型模式和管理场景、基于人机协同决策的产品和服务创新
刘泽（2022）	基于共识型决策理论和制度理论构建五年规划决策理论模型进行研究，研究认为规划决策制度"由外到内"依次对征询者、起草者、决策者产生影响，实现民主科学决策，提升规划质量
周蕾等（2024）	基于整合的不确定性跨期决策新理论框架，综合运用行为实验、眼动追踪、现场实验，辅以计算建模、眼动操纵等技术，揭示在不确定性条件下人们践行绿色跨期行为的规律和心理机制，并探索基于心理机制助推和助力绿色行为的有效途径

决策是企业管理中的重要行为。对于产业投资基金而言，良好的决策机制以及正确的投资决策是投资能否取得成功的关键因素之一。因此，了解决策理论一方面有利于本书开展对决策机制的相关研究，另一方面也有助于为产业投资基金的发展提出相关建议。

第二节 投资绩效相关研究

产业投资基金主要是依靠企业自身拥有的资源优势和专业化经营能力，在给被投资企业带来资金的同时，参与到被投资企业的经营管理中，并对企业基金的投资绩效起到重要的作用。本节将对投资绩效的概念、维度及影响因素进行梳理总结。

一、变量及其维度

产业投资基金作为创新的股权投资基金，关于其投资绩效的研究分析文献较少，除去政府背景等特点之外，它和普通基金的投资绩效有较高的相似性，因此，通过对一般投资公司的投资绩效及相关研究的整理，可能会对本书的研究方向产生一定的影响。

对于投资绩效的概念界定研究，主要围绕投资基金保值、增值以及提高社会效益进行，部分学者的观点如表 2-6 所示。

表 2-6 投资绩效变量及其维度

作者	观点	维度
仲理峰、时勘（2002）	绩效是成绩和效果的结合表现，是团体或个人在特定时间里工作的总输出效果	社会效益
Neus 等（2005）	风险投资基金选用了截然不同的退出方法，对被投资公司的未来发展前景以及产业投资资基金的整体投资收益都将形成重大影响	社会效益

续表

作者	观点	维度
杨印生、张充（2009）	所谓企业投资绩效，是指企业投融资活动形成的资本配置状态，其本质是反映企业投资所取得的有效成果与所消耗或占用的投入额之间的比率，即企业投资活动的有效程度	财务绩效
陈见丽（2011）	从其对创投公司作用的微观方面来看，投资绩效体现了被投资公司的经济增长水平；从风险家的个人视角来看，投资绩效包括了从投资、经营到退出为其自身创造的总回报	财务绩效
苟燕楠、董静（2013）	投资绩效指当将风险资金投向新创业公司一段时间后，在一个特殊内外部环境因素的影响下，投资活动所能产生的投资收益	财务绩效
陈传明等（2013）	绩效是指组织或个人为了完成其既定的目标，所实施各种活动的最有效产出总和	社会效益
金雪军、赵治辉（2014）	政府创业投资绩效是指政府创业投资在增加早期投资和高科技投资、推动创业投资产业发展方面的作用	社会效益
Budescu、Chen（2015）	在由群体共同参与决策的投资活动中，投资绩效不仅依赖于个体的认知结果，同时还受到信念聚合（或共识）机制的影响。群体意见通常由个体意见组成，将个体意见按照不同的方式进行聚合，往往能够得出不同的群体意见，从而导致不同的决策绩效	社会效益
王铁男等（2017）	投资绩效指的是风险投资企业通过将一些风险资金投入创业企业中，并为其日后发展提供了相应的经验与增值服务，创业企业因此得以不断发展，并最终为风险投资企业带来了巨大的投资收益，这些收益便是风险投资机构的投资绩效	财务绩效

续表

作者	观点	维度
王开明、张琦（2022）	通过"拼凑"近30年的研究成果，揭示了IT投资绩效的动态性：企业通过"干中学"的方式在逐步提高IT资产的生产率；这个过程伴随着持续的创新，部分企业的IT投资因此而具有更高的效率、更好的效果，形成了优质的IT资源	社会效益
刘书兰等（2024）	企业进行绿色投资时能够主动承担社会责任，并在规模达到一定程度时形成规模经济，从而抵消前期绿色投资带来的额外成本，同时，企业能够通过该方式树立良好的企业形象，从而获得消费者的认可，对于提升企业财务绩效也具有重要作用	财务绩效、社会效益

综上所述，学术界对研究投资绩效的理论意义迄今为止还没有一致的认识。现有研究中对投资绩效的理论研究主要包括3种，一是对基金投资整个业务投资绩效的理论研究；二是对基金投资整体经营绩效的理论研究；三是对基金投资退出绩效的理论研究。其中，投资退出绩效在各类研究中比较多见。所谓退出绩效，具体是指基金能否及时退出被投资企业，及其退出后资产价值是多少。而我们所认为的投资绩效的标准是基金在退出被投资企业后，可变现的市值增加程度。从现有研究上来看，投资绩效可表现为财务绩效或是社会效益。在财务层面，投资绩效主要代表企业的收益；在社会层面，投资绩效主要代表企业对社会的贡献。因此，本书认为，财务绩效和社会效益可作为研究投资绩效的维度。

二、影响因素研究

对于投资绩效影响因素的研究，许多学者根据不同的侧重点提出了不同的观点，如表 2-7 所示。

表 2-7 投资绩效的影响因素研究

作者	内容
李学峰、徐华（2007）	实际投资风格随着市场的改变而改变会给基金投资绩效带来正面影响
Krishnan（2009）	虽然高声誉风险投资机构在最初会选择更优质的创业企业，但是在控制了其选择效应后，风险投资机构的声誉对创业企业长期绩效仍具有正向显著影响，高声誉风险投资机构在对创业企业公司治理活动中表现积极，这种持续的参与正向影响了 IPO 后公司的绩效表现
徐勇、贾键涛（2016）	多元化的投资策略为创业投资机构提供了有效的知识来源渠道，行业多元化知识使得创业投资机构在价值发现和适应行业波动方面更具优势，地域多元化知识帮助投资机构有效克服不同区域间的制度差异，均对投资绩效具有显著提升作用；联合投资作为调节变量削弱了地域多元化对投资绩效的正向影响，而对行业多元化与投资绩效的影响并不显著
谈毅、唐霖露（2016）	跨境风险投资的本土从业经验和本土投资专业性是跨境风险投资绩效的显著影响因素，并且跨境风险投资的投资周期和退出方式也会在一定程度上影响项目的投资绩效
梁莹莹（2017）	基于制度环境和金融发展的双调节效应视角，从企业竞争优势和外来者劣势两重维度考察了中国物流企业对外直接投资绩效的影响因素，揭示了不同因素的影响机理和传导路径
杨艳萍、邰钰格（2020）	提出网络规模与投资绩效呈倒 U 形关系，投资绩效先随网络规模的增大而增大，到一定程度时网络规模则对投资绩效有抑制作用
周育红、刘建丽、张世泽（2021）	从资本来源角度出发，基于资源依赖理论与制度变迁理论，发展出资本来源与制度公平互动理论，认为资本来源是通过与制度公平环境的交互作用来获取资源分配优势，进而影响投资绩效
唐晨曦、杜晓君、冯飞、张铮（2023）	"一带一路"倡议对中国企业投资绩效有显著正向影响

续表

作者	内容
张海星、杨丹（2023）	地方政府债务规模竞争和投资结构错配不仅显著降低了本地区的债务投资绩效，还产生了负向空间外溢效应，并表现出明显的债种差异性，即专项债务对投资结构偏离度的推升降低了债务投资绩效，而一般债务对投资结构偏离度的抑制则提高了投资绩效。进一步研究发现，地方政府债务投资绩效受到债务率门槛值的约束，且高财政能力组的门槛值大于低财政能力组。当未越过门槛值时，政府举债有助于提高债务投资绩效；反之，则降低投资绩效

除了实际投资风格、投资机构声誉、投资策略、从业经验、投资专业性、网络规模、资本来源、国家政策、投资结构等影响因素之外，现有文献中还有较多研究将投资行为、资产配置及投资经验作为投资绩效的影响因素，如表 2-8 所示。

表 2-8　投资行为、资产配置及投资经验与投资绩效的关系研究

作者	观点	变量
罗真、张宗成（2004）	以基金经理的投资行为为研究对象，通过建立模型并进行检验，总结出基金投资当期业绩与基金经理面临消极职业结果的可能性负相关的结论	投资行为
黄静、高飞（2005）	通过将基金交易行为分为新进入、完全退出和仓位调整 3 类，并分别研究其投资行为。研究结果显示，我国基金交易频率很高，近 90% 的基金采用动量投资策略，基金新进入股票时动量效应最强。价值型基金更易采取动量投资策略，高动量组收益高于低动量组收益	投资行为
刘敏、冯丽娟（2015）	认为高管内部薪酬对企业绩效的影响路径中包含了投资行为的中介作用，即高管内部薪酬可以通过投资行为对企业绩效产生作用	投资行为

续表

作者	观点	变量
刘子怡、陈志斌（2014）	政府绩效水平与地方政府投资行为显著相关	投资行为
黄昌富、莫停（2016）	控制类型通过企业投资行为中介作用于企业绩效	投资行为
陈小新、陈伟忠（2007）	情景元素生成模型对动态资产配置模型的投资绩效起着关键性的作用，决策周期和资产配置频率等其他因素，只有在选择了适当的情景元素生成模型后，才能对投资绩效产生有利的影响	资产配置
解洪涛、周少甫（2008）	采用两阶段回归方法，分析证明了基金投资在资产配置上的动态转换虽可规避一定的风险并获取超额收益，但频繁变动配置比例可能导致收益波动，进而影响基金投资绩效	资产配置
李红权、周亮（2019）	基于修正 Black-Litterman 模型，分析提出短周期的战术资产配置策略能够获得更高的基金投资收益，从而提升短期基金投资绩效	资产配置
冯建、王丹（2013）	在常态环境下金融资产和实物资产配置对盈利能力的影响并不显著，但该比例过高时，企业偏离主营业务就会对其绩效产生负向影响，货币政策的紧缩使金融资产缩水回归其价值，所以使企业遭受利润损失，但是此时增持金融资产投资会降低投资成本	资产配置
徐勇、贾键涛（2016）	多元化的投资策略为创业投资机构提供了有效的知识来源渠道，行业多元化知识使得创业投资机构在价值发现和适应行业波动方面更具优势，地域多元化知识帮助投资机构有效克服不同区域间的制度差异，均对投资绩效具有显著提升作用	资产配置
奚玉芹、杨智良、金永红（2021）	风险投资机构的网络位置中心性对投资绩效有显著的影响，且投资经验在风险投资网络与投资绩效之间起到显著的正向调节作用	资产配置

续表

作者	观点	变量
陈其安、许媛（2023）	中国非金融类上市公司当年金融资产配置比例与经营绩效之间、上年金融资产配置比例与本年实物资产投资收益率之间都在总体上呈现出显著的倒U形关系；不同产业、不同性质企业的金融资产配置比例将对经营绩效和实物资产投资收益率产生不同影响	资产配置
马蓝、安立仁、张宸璐（2016）	就经验与绩效的关系，提出合作经验对创新绩效具有显著的正向影响	投资经验
Linnainmaa（2011）	假设投资者最初无法确定个人能力，只能通过在金融市场中的交易获取自我能力的信息。投资者起初进行小额的活跃交易，在多次亏损后将推断出自己属于能力较差的类型而停止交易。在初始阶段获利的投资者也可能错误地评估个人能力，反而在随后扩大交易规模而蒙受损失。但整体上，由于学习机制的存在，投资者结构的模拟分析表明，熟练交易者的成功比例将从第一次短期交易时的28%上升到10次交易后的61%	投资经验
范琳琳、周铭山（2023）	在投资成效上，只有经验丰富的风险投资所投企业存活概率提高、寿命明显延长，才能获得更多的投资收益	投资经验

综合多个学者的研究结果，并考虑本书的选题和变量设置，最终选取投资行为、资产配置和投资经验作为本书研究的控制变量。因此，本书依据企业投资理论、投资组合理论等提出如下假设。

H9：理性的投资行为会对投资绩效产生显著正向影响。

H10：合理的资产配置会对投资绩效产生显著正向影响。

H11：丰富的投资经验会对投资绩效产生显著正向影响。

第三节　投资机会识别相关研究

投资机会识别能够决定公司投资能力的发挥，公司具备了投资机会识别能力，就对其成长机会具有了选择权。投资机会识别历来是投资公司研究的重要课题，是反映被投资公司的可持续成长水平以及公司成长性的关键参数，体现出被投资公司未来的情况，如竞争力的增强、规模的增长、效益的提高以及发展前景的广阔等，是公司整体水平的反映，能够为公司未来的规划提供有价值的依据。因此，本书将从投资机会识别的概念、维度，及其与投资绩效的关系、与决策机制的关系4个方面对投资机会识别进行阐述。

一、变量及其维度

投资机会识别这一概念是1958年由Miller、Modingliani在其著作中提出的，后来Richard（1977）等学者在此基础上做了更为深入的研究。总的来说，上述研究者认为由公司当前投资所能创造的价值，以及公司对未来完成项目所能创造的价值，将作为公司估价的主要因素。而企业在未来的成功经营主要取决于企业管理者的判断与决定，类似于企业价值期权，而这种期权为企业管理者所创造的重要意义，正是投资机会识别。

关于投资机会识别的研究也逐渐成为国内学者的重点关注话题，范龙振等（2000）认为投资机会识别即企业在做出投资决策之前，通过相关方法对所投入建设项目的利润、经营风险、发展前景等因素加以综合分析，并从中筛选出最具市场价值的建设项目加以投入，从而避免了由于消息的不对称性、不完全性导致的投资损失。蒲文燕等（2012）认为投资机会识别有关的主体有公司所有者、股东、经理和债权人分析公司。赵瑞（2013）认为影响投资机会识别能力的要素包括资金的使用、市场资讯的流动、信任的产生、声誉的影响、环境风险等。对于投资机会识别，许多学者还有不同的看法，如表2-9所示。

表2-9 投资机会识别变量及其维度

作者	内容	维度
Rahman（1997）	投资机会识别是企业投资的主要决定因素，是指净现值不小于零，企业暂未投资但可选的投资项目组合	机会识别
吴航、陈劲（2014）	机会识别能力和机会利用能力在出口和创新绩效、对外直接投资与创新绩效之间均起到部分中介作用	投资能力
尹苗苗、孙亚、费宇鹏（2020）	民营风险投资主要通过增值服务平台、监督管理和信号传递3种机制来影响新企业的创业能力，且3种机制在机会相关能力和资源相关能力方面发挥的作用略有不同	机会识别、投资能力
Berglund、Bousfiha、Mansoori（2020）	机会识别是指企业感知到市场中未被完全满足的需求和未被充分利用的资源	机会识别
田昆儒等（2021）	假设市场拥有完全信息，企业能够识别并选择净现值为正的投资机会，但在管理层缺乏投资能力和对投资项目存在认知偏差的情况下，有可能会导致投资过度和投资不足	机会识别、投资能力
曲小瑜（2022）	提出机会识别能力是朴素式创新的必要条件，并揭示了影响企业朴素式创新产生的多重并发机制	机会识别

续表

作者	内容	维度
涂晓玲、傅文霁（2022）	当投资机会信息分散程度较高时，市场相较于政府更具信息优势，而深入市场的企业能够更加敏感地感知市场信息，能够更加精确地识别和判断自身的投资机会	机会识别
苏萌萌、冯永春、李子玉、曹鑫锐（2024）	在国际化初期，新兴市场跨国企业主要基于感性、经验和行动等简单规则识别国际市场机会；随着国际化程度的加深，开始基于内部经营、外部情境和主动试错修订机会识别规则，并逐渐转变为基于分析、计算和预测等复杂规则识别国际市场机会	机会识别

从本书内容来看，投资机会识别是指产业投资基金公司面临的对外投资机会识别，是公司经营者在错综复杂的形势中凭借自己的决断力进行抉择，以投资净收益率作为依据，谋求企业品牌价值提升和投资效益最大化的一种融资选择权。在上述文献中，虽然每位学者对投资机会识别都有不同的见解，但可以看出，投资机会识别可以从机会识别和投资能力两个角度进行深入研究。因此，本书根据实际研究需要，将投资机会识别划分为机会识别和投资能力两个维度。

二、投资机会识别与投资绩效的关系

投资机会识别是指能够促进公司投资活动的各种机会和外部环境的总和，而投资活动和投资绩效也是产业投资基金所关注的最主要的因素。理查德曼等学者认为投资机会识别可以对公司的投资绩效造成直接影响，投资时机越恰当，投资者的回报率越满足期望，投资人的投资动机就越大，投资的回报也会越大，投资收益也将会越高，公司的盈利能力也会越强，也会相应地反映公司的营运管理水准、能力及营运情况,所以投资机会识别能够反映公司的盈利能力、运营能力、偿债能力。当公司拥有优秀的投资机会识别能力后,才能进行资本投资,公司投资机会识别越多,未来的投资支出越高,所获得的投资绩效也将相应地增加。

对于投资机会识别与投资绩效之间的关系,国内外学者均有自己的见解。在国外,Miller、Modigliani(1958)把由公司目前财富所能创造的价值以及公司对未来的融资所能创造的估值视为公司估值的关键原因。在国内,邢斌、徐龙炳(2015)的研究成果表明,对拥有不同投资机会识别的企业超募资金利用效果也不同,对拥有较好投资机会识别的企业,运用超募资金更有利于改善企业盈利情况,在股票市场上的反映效果也较好。在投资机会识别较好时,企业应当增加投资,扩大公司规模,而在机遇较差时,则应当减小投入,缩小公司规模,从而达到公司价值与投资绩效的最优化。此外,还有许多学者也对投资机会识别与投资绩效的关系进行了深入的研究,如表 2-10 所示。

表 2-10 投资机会识别与投资绩效的关系研究

作者	内容	维度
Muniandy、Hillier(2015)	投资机会识别有助于改善公司的整体投资绩效,可以进一步提高企业的股票价格,不管出于什么样的目的,最好的投资时期都是面临优质投资机会识别时	机会识别
段世霞、扈文秀(2010)	技术创新投资、基础设施投资、生产系统投资、营销网络投资和并购投资等战略投资是促进企业发展并实现灵活性期权价值的前提,战略投资机会的识别是企业实现期权价值创造的首要任务	机会识别
郭海、沈睿(2014)	创业机会识别能够显著改善企业绩效	机会识别

续表

作者	内容	维度
张祥建等（2015）	当国有企业有良好的投资机会识别时，就意味着企业发展前景较好，有进行长期投资的价值，国有企业可以通过正确的投资机会识别进行科学投资，最终提升股东和企业价值	机会识别
Jones 等（2015）	投资时机识别有助于公司进行合理投资，进而提高投资绩效，公司的收益水准提高，对公司绩效形成正面影响	机会识别、投资能力
赵兴庐、刘衡、张建琦（2017）	企业识别的机会越多，对资源的拼凑活动越频繁，其公司创业绩效越好；机会识别和资源拼凑在组织冗余与公司创业绩效的正向关系中起到了完全中介的作用	机会识别
苏郁锋、徐劲飞（2021）	将机会识别分为发展机会和市场机会，创业机会识别与企业的创业绩效之间的正向关系得到部分验证，模块化水平在发展机会识别与创新绩效之间发挥中介作用	机会识别
赵玲、田增瑞（2021）	机会识别在创业拼凑与社会企业绩效间具有中介作用	机会识别
苏世彬等（2023）	机会识别在专利风险感知对技术创业绩效的影响中起中介作用，创业政策在专利风险感知通过机会识别影响技术创业绩效中起调节作用	机会识别
汪涛、杨杰（2023）	创业机会识别与开发在"促进—防御"手段导向一致性与创业绩效间发挥中介作用	机会识别

在对国内外学者相关研究文献梳理的基础上，我们可以得出，投资机会识别整体而言对投资绩效存在正向影响，投资机会识别能力的提升是投资绩效增长的重要因素之一。详细来看，投资机会识别的维度——投资能力和机会识别也分别对基金的投资绩效产生了正向影响。研究投资能力和机会识别对投资绩效的影响有利于丰富相关理论的发展。因此，本书基于企业投资理论、投资组合理论等提出如下假设：

H1：投资机会识别对投资绩效存在显著正向影响。

H1a：投资能力对投资绩效存在显著正向影响。

H1b：机会识别对投资绩效存在显著正向影响。

三、投资机会识别与决策机制的关系

在瞬息万变的市场竞争中，产业投资基金面临着为数众多的投资选择，而不同的选择也将造成产业投资基金整体投资绩效的巨大不同。所以，如何将有限的资金投放于最适合的基金公司发展战略、最适合的产业发展方向至关重要，这也检验了产业基金投资的决策能力与投资决策机制。

已有研究发现，同样的财务结构，在投资机会识别不同时，会导致公司投资产生显著差别。那么，当投资机会识别存在显著差异时，是否对基金公司的决策机制也会产生显著的影响？Modigliani、Mille（1958）提出，企业的投资决策所受到的大部分影响几乎都来自投资机会，在具备完美市场的条件下，企业的投资支出仅有一个影响因素，即当前的投资机会。在后来的研究中，许多学者也从不同视角对投资机会识别与决策机制的关系提出了自己的观点，如表2-11所示。

表2-11 投资机会识别与决策机制的关系研究

作者	内容	维度
姚梅芳等（2010）	提出投资决策过程阶段分析理论，认为风险投资过程应当包括项目启动、投资筛选、项目评估、投资结构设计、投资后监管与控制、项目退出六大连续的阶段	机会识别、投资能力
于蔚等（2012）	投资机会识别分析与投资决策在企业的发展与壮大过程中起到了关键的作用，对于企业资源风险的减少、收益的增加、竞争力的提高等具有巨大的促进作用	投资能力

续表

作者	内容	维度
万伟、曾勇（2013）	通过分析内部董事和外部董事的信息传递对企业投资决策的影响，指出内部董事的信息揭示和外部董事的知情概率可以完善董事会的投资决策过程，并在最终导致项目期望利润的增加	机会识别、投资能力
李凤羽、杨墨竹（2015）	采用实物期权技术，构建了对高科技项目的投资识别价值以及投资时机选取模型，给出了不同情况下模型的解，研究了不同模型对项目的认识评价和投资机会的选取的作用	机会识别
靳庆鲁等（2015）	当面对不好的投资机会识别时，若公司不及时调整政策，投资人可能会卖空公司以套利，进而造成公司股票价格下跌、大股东的财富受到损失，所以，在放松卖空管制以后，当面临较差的投资机会识别时，公司的大股东有动机监督、督促公司管理层适时调整投资决策	机会识别、投资能力
丁杰等（2019）	在对P2P网贷投资的实证分析中提出教育水平的提高显著影响个人的投资机会识别水平，从而使投资者可以做出更合理的投资决策，降低投资带来的风险	机会识别、投资能力
刘莎、刘明（2020）	在结构调整的过程中，投资者发现了众多的投资机会，看到了有发展前景的项目并进行投资，但是由于项目投资过程存在着不可逆性、系统的复杂性等特性，要求投资者在对项目进行投资前就做出合理的决策，对投资机会识别的分析也逐渐成为项目投资的重要部分	机会识别、投资能力
熊健、董晓林（2021）	数字金融参与通过扩大融资规模、促进创业机会识别两种作用机制对农户创业决策产生正向影响	机会识别
刑恩泽等（2023）	通过分析境外投资者的投资机会识别和投资方式，研究证明境外投资者通过缓解融资约束、降低替代投资规模能对企业预防性金融决策发挥积极的治理作用，并通过交易行为抑制企业管理者自利对企业投机性金融投资的不利影响	机会识别、投资能力

由上表可以看出，投资机会识别中的机会识别和投资能力均会对决策机制产生重大影响，是推动决策机制完善和发展的重要因素。我们可以将其理解成投资机会识别及其两个维度对决策机制存在正向影响。因此，根据对文献资料的梳理以及对变量间作用机理的分析，本书基于企业投资理论、投资组合理论、决策理论等提出如下假设。

H3：投资机会识别对决策机制存在显著正向影响。

H3a：投资能力对决策机制存在显著正向影响。

H3b：机会识别对决策机制存在显著正向影响。

第四节　风险管理相关研究

当前，我国产业投资基金虽处在发展的初期阶段，但其发展速度飞快，对于产业投资基金的概念定义、运作机制、风险管理和有关政策探讨等问题亟待进一步明确和细化。本节将对风险管理的变量、维度，及其与投资绩效的关系、与决策机制的关系等相关文献进行梳理归纳，并提出相应假设。

一、变量及其维度

产业投资基金的风险管理主要经过了风险辨识、评估和管理等过程，以减少组织风险、技术风险、市场风险等对投资绩效所形成的不利影响。本节梳理了产业投资基金风险管理的相关文献，有助于更好地认识产业投资基金风险管理的运作过程，进而提高基金的投资绩效。为了便于研究，本节梳理了部分学者对于风险管理的观点，如表2-12所示。

表 2-12 风险管理变量及其维度

作者	内容	维度
Kothari 等（2009）	企业内实施全面风险管理能够提升公司的生产经营和信息披露等环节的监督力度，提升企业的管理水平，并能提高企业信息披露的准确度和透明度	运营风险管理
邓大松、薛惠元（2011）	所谓风险管理，是指通过有关制度和程序对风险进行界定、评估、控制和最小化，并把风险控制在与该机构吸收、控制风险或承受风险损失的能力相适应的水平	运营风险管理
唐方成（2013）	从项目风险源头视角将经营风险分为社会系统经营风险（包含市场经济经营风险）、科技系统风险和制度流程风险	市场风险管理、运营风险管理
王刚等（2015）	为了确保社会保障基金的安全可靠，相关管理部门必须强化风险的防范控制管理，采取多元化投资，完善社会保障基金运作信息披露，加强外部监管，强化对社会保障基金投资风险的控制能力，确保社会保障基金的安全可靠	市场风险管理
肖晓平（2015）	项目风险管理是指通过风险识别、风险分析和风险评价去认识项目的风险，并以此为基础合理地使用各种风险应对措施、管理方法技术和手段，对项目的风险实行有效控制，妥善地处理风险事件造成的不利后果，以最少的成本保证项目总体目标实现的管理工作	市场风险管理、运营风险管理
张延等（2017）	通过对不同类型养老金投资风险的识别、投资运营风险的控制效果进行比较，提出唯有遵循"强化风险识别—健全投资方式—优化治理结构—完善监管机制"的路径，通过明确投资管理主体、严把资格准入门槛、设定最低收益担保机制、推进投资组合多元化、追责法律责任主体等措施，才能帮助管理者更加精准地识别、评估与防范风险	运营风险管理

续表

作者	内容	维度
王向楠、吴婷（2019）	从应对外部环境的风险、评估工具的风险、投资工具的风险、委托代理的风险这4种风险的角度出发，提出了相应的风险控制建议，指出私募股权基金应当重点关注投资工具的风险和委托代理的风险	市场风险管理
马勇、姜伊晴（2019）	从开展风险排查整改、重新构建项目投资风险控制体系、建立有效的项目投资监管机制、加强项目投资决策的风险控制、加强创新项目投资方式、建立有效的市场化项目投资运营机制、加快专业人才队伍建设步伐等方面提出加强政府引导基金公司项目投资风险控制的具体对策	市场风险管理
贺璇（2019）	经营风险因子一般涵盖技术风险、战略管理风险和政策风险	运营风险管理
Xisong等（2020）	可根据目前国内基金产业发展情况和需求，在对被投企业进行评估过程中充分考虑政策性风险因素的存在	运营风险管理
陈晓红等（2021）	风险管理指的是通过对风险的认识、衡量和分析，选择最有效的方式，主动地、有目的地、有计划地处理风险，以最小成本争取获得最大安全保证的管理方法	运营风险管理
宋新平、刘馥宁、申真、李明星（2024）	供应链风险管理是指组织在持续风险评估的基础上实施战略，管理供应链中的日常风险和异常风险，以降低脆弱性并确保连续性	运营风险管理
孟雪等（2024）	风险管理理论经历了从竖井式风险管理到整合式风险管理的演变历程，竖井式风险管理更加注重控制损失和优化内部流程来减少风险带来的冲击，而整合式风险管理则注重协调风险和收益，是以积极态度面对风险的管理方式	运营风险管理

通过对文献的梳理，发现学者们在包括风险分类、风险管控等诸多方面的研究中，对于风险的关注点可以概括为市场及运营两个角度。产业投资基金的市场风险管理是指在产业投资基金运行阶段，通过对可能的风险、意外的风险等加以辨识、判断与管理的活动，而运营风险管理一般包括公司内部风险管理、技术创造风险管理、公司战略风险管理3个方面。因此，本书认为市场风险管理、运营风险管理可作为研究风险管理的维度。

二、风险管理与投资绩效的关系

关于风险管理与企业投资绩效关系的研究文献较多。孙伍琴（2004）从金融体系风险管理入手，指出风险投资通过介入企业的日常运营，对企业的风险进行管理和控制，从而将市场资源保留在具有风险控制能力的人群手中，进而能够更好地做出投资选择，提升投资绩效。邓留保、杨桂元（2011）提出在风险约束的条件下，管理者的资产配置能够起到激励作用，从而提高委托投资组合的绩效。吴超鹏等（2016）的调研表明，产业投资基金主动介入公司的运营发展，可以有效减少公司过度融资，扩大公司的对外股权投资，减少资金流不足的负面影响，有利于提高企业绩效。

而在关于投资风险管理和基金业绩之间的关系研究中，熊航等（2016）实证调研在业绩追逐背景下的我国公募基金风险的调整与投资绩效的相互作用之间存在的问题，并认为基金加大投资损失的做法是不会对当年投资绩效造成正面作用的，而对后几个年度的投资绩效粉饰行为也是无用的，反而会对投资绩效造成负面的作用。操武（2020）则提出，风险投资管理投入各维度均正向影响被投企业技术商业化绩效。此外，还有一些其他学者的研究成果，如表2-13所示。

表 2-13　风险管理与投资绩效的关系研究

作者	内容	维度
于立勇、曹凤岐（2004）	投资银行的风险管理以及在其管理上的资本应用二者缺一不可，都为银行企业的绩效改善做出了重要贡献，也有效地提升了我国的经济效益	市场风险管理、运营风险管理
钱苹、张帏（2007）	通过对比研究风险投资基金对不同性质的企业进行投资后取得的收益情况，发现风险投资基金对国家控股公司的最终投入效率水平较高，对非国有企业的最终投入效率水平较低，并且被投资公司的所属地区也明显影响投资收益，即对经济发展较好的地区的公司进行风险投资基金投资，所取得的投资收益通常会高于经济条件较差地区。调查同时还表明，当风险投资基金管理的公司资产量较高时，投资收益则相对较低	市场风险管理
祖国鹏、张峥、张圣平（2010）	基金管理模式的采用主要受到基金公司对管理模式偏好的影响；在控制了基金特征后，团队管理可以显著降低基金总风险和系统性风险，并能显著提高基金投资业绩	市场风险管理、运营风险管理
张学勇、陶醉（2014）	通过对外商投资（或混合所有制）风险投资基金的投资收益进行比较，认为资本回报率相对较低的是具有政府背景的风险投资基金。其主要因素在于，海外企业先进的资本市场与风险管理经验对外商风险投资基金发展具有促进作用，已经具备了较好的风险辨识、评价与管理的能力，对企业管理产生了更重要的影响，进而能够更好地提升企业盈利能力	市场风险管理
杨东（2015）	由于风险约束下的战略绩效管理体系可以提高公司自身的核心竞争力、可持续发展能力和创新能力，因此，制定战略规划、寻找全生命周期风险指标，建立、健全完善合理的绩效考核体系，是保证私募股权投资基金健康发展的重要保证	运营风险管理

续表

作者	内容	维度
武立（2015）	风险管理对新技术商业化财务效益的影响是正向的，但高百分位上的影响略小于低百分位，即在财务效益上企业绩效越高，风险管理带来的边际收益越小。风险管理对新技术商业化市场效益的影响是正向的，其在市场绩效上的风险管理带来的边际收益并没有递减。风险管理对新技术商业化技术效益的影响与其对市场绩效的影响类似，对新技术商业化社会效益的影响则与其对技术效益的影响类似	市场风险管理、运营风险管理
温思雅（2015）	投资银行的权益资本运用、非权益资本运用以及资本运用效率与企业绩效显著相关，并且随着运营风险管理的加强，资本运用和企业绩效的正向关系也会加强	运营风险管理
石琳等（2017）	针对风险投资领域，由于投资机构所投的风险企业通常存在较高的风险性与不确定性，因此越来越多的投资机构在实践中采用联合投资，构建风险投资网络，积极获取外部有效资源，降低投资风险，提高投资绩效	运营风险管理、市场风险管理
龙玉、李曜、宋贺（2019）	在高铁通车之后，风险投资和被投资企业之间的交流便利性提升，软信息更加容易传递，异地投资（尤其是距风险投资所在地 50~400 千米范围内的投资项目）的绩效较之前明显有所提高	运营风险管理、市场风险管理
Filipe 等（2020）	风险投资机构的退出机制以及行业风险管理对长期发展战略制定会产生巨大的作用，从而关系到长期的绩效表现	市场风险管理、运营风险管理
罗公利、边伟军（2020）	风险管理在产品创新不确定性、消费者偏好不确定性与新产品市场绩效之间存在部分中介作用；风险管理对产品创新不确定性、消费者偏好不确定性与新产品市场绩效之间的关系起到调节作用，即风险管理减弱了产品创新不确定性、消费者偏好不确定性与新产品市场绩效的负相关关系	运营风险管理、市场风险管理

续表

作者	内容	维度
Kwak（2020）	如果对风险投资机构采取不同的退出手段，那么对企业投资基金的总体投资收益将造成巨大冲击，因此，风险投资基金在退出时，必须要严格地根据投资公司的具体风险管理状况以及被投资公司的实际运营情况做好退出方案的抉择，这样才能确保被投资公司的产业投资基金获得最大的效益	运营风险管理
Mita、Takahashi（2023）	建立模型，将人工智能应用到风险管理中，揭露了风险管理新模型机制，并提出在新机制的应用下，投资绩效能得到显著提升	运营风险管理
刘怡、侯杰（2024）	人力资源风险管理显著促进了企业经营绩效的提升，且人力资本在这一过程中发挥了重要的中介作用；通过加强人力资本建设，企业能够有效提升自身的创新能力，进而取得更为丰硕的创新成果；无论是国有企业还是非国有企业，加强人力资源风险管理都能有效提升其经营绩效，这一积极效应在不同经济发展水平的城市中亦表现出普遍适用性	运营风险管理

综上所述，无论是风险管理的市场风险管理维度，还是运营风险管理维度，都对产业投资基金投资绩效的提升有着重要影响，也就是说，风险管理对投资绩效的影响是通过市场风险管理和运营风险管理两个角度来显现的。本书的风险管理与投资绩效的关系研究将在一定程度上丰富产业投资基金在该领域的理论研究，因此，基于风险管理理论、企业投资理论、投资组合理论提出如下假设。

H2：风险管理对投资绩效存在显著正向影响。

H2a：市场风险管理对投资绩效存在显著正向影响。

H2b：运营风险管理对投资绩效存在显著正向影响。

三、风险管理与决策机制的关系

国内有关学者对于风险管理与决策机制的关系研究较少，但在相关领域也取得了一定的研究成果。本节梳理了学者们对于风险管理对决策机制的影响的相关文献，如表 2-14 所示。

表 2-14 风险管理与决策机制的关系研究

作者	内容	维度
贺晟、孙烽（2002）	基金管理公司对拟建投资项目的发展前景与价值进行科学判断、立项；对立项工作进行尽职调查，委托法律顾问拟定项目合同、形成合理的立法结构；然后，由基金管理人与基金投资人共同组成的决策委员会对所投资项目进行审核，在审查合格后与所投资项目签订基金合同；最后，基金管理公司派员加入董事会，依据基金的市场风险管理办法参与其战略规划和经营决策	市场风险管理
黄建兵、宁静鞭、於颖华（2008）	对于我国公司在风险管理方面的决策行为，地方政府的保护行为有很大的影响	市场风险管理
谢荷锋（2012）	知识分享是一类风险决策行为，信任具有重要的风险管理功能。基于企业内知识分享决策的风险特征，提出管理知识分享风险的信任结构模型，并通过经验数据实证检验了不同信任维度间的关系及其对知识分享决策的影响，结果表明，制度信任是认知信任和情感信任发展的基础，而对知识分享决策的直接影响主要来自情感信任	运营风险管理
李献刚（2014）	根据财务风险管理决策问题中存在的风险难以定量刻画以及存在一定程度的模糊性等特征，提出直觉模糊多属性决策理论应用于企业财务风险决策问题具有理论适用性，进而建立了基于属性层次分析法的指标赋权方法和基于投影的直觉模糊多属性决策方法	运营风险管理

续表

作者	内容	维度
顾海峰、杨立翔（2018）	私募股权投资机构具有项目不公开性、收益不稳定性以及资本结构复杂的特点，因此完善风险管理体系对私募基金投资决策和成功退出都非常重要	运营风险管理
唐新华（2018）	将人工智能应用在国际风险评估研究中，可提高风险感知能力和精度，有效规避风险。借助人工智能技术，决策管理的影响评估变得可行、精准，风险将得到有效管控，并有助于推动决策管理模式发生革命性变革	运营风险管理
Gorecki 等（2019）	只有通过进一步改善企业运营风险管理并细化风险管理，才能为构建现代风险决策机制提供良好的制度保证与机制指导。反之，投资决策机制能够对风险管理过程做出宏观上的引导，并根据生产过程的现实需要确定风险管理的方法和过程，这都反映出了投资决策机制的影响力	运营风险管理
陈翠霞、周明（2022）	基于 CPT 理论，在最大化保险公司财富效用下，得到保险公司的最优资产配置和风险管理决策结果。结果显示：如果保险公司具有风险厌恶与风险喜好的变化型风险态度，基于 EUT 效用理论下的最优决策结果得到的效用值远远比不上采用 CPT 效用理论下的最优决策得到的效用值	运营风险管理
付丽媛、常健（2022）	公共风险应对决策中的主张分歧主要由 4 类原因产生，即认知差异、利益差异、价值差异、政治对立。其关键影响因素分别为风险信息的不确定性程度、不同主体在风险承受能力上的差别程度、文化价值的多元化程度和张力强度，以及风险议题的政治化程度。综合运用 4 种分歧管理方式，可以在一定程度上降低风险决策中的主张分歧，有利于风险应对决策的及时做出和有效执行	市场风险管理、运营风险管理

续表

作者	内容	维度
李梦琪等（2023）	依据专家行为挖掘，将社会网络群体共识决策中的信任风险与决策结果的科学可靠性相联系，提出考虑专家信任风险行为挖掘与动态管理的社会网络群体决策共识模型，以降低决策风险、提升决策结果的可信度与共识效率	运营风险管理

产业投资基金对相关企业投资决策机制的影响因素较多，不同的企业集团领导风格、有无对投资决策咨询的参与、团队成员决策权的重要程度和市场环境不确定性等因素都对企业投资决策速度有很大影响。当然，产业投资基金风险管理在基金的决策机制中具有重要的影响，良好的市场风险管理需要通过对决策机制的优化才能发挥作用，优秀的运营风险管理可以通过决策机制表现出来，即风险管理对决策机制的影响是通过市场风险管理和运营风险管理来显现的。因此，本书基于风险管理理论、企业投资理论、投资组合理论、决策理论提出如下假设。

H4：风险管理对决策机制存在显著正向影响。

H4a：市场风险管理对决策机制存在显著正向影响。

H4b：运营风险管理对决策机制存在显著正向影响。

第五节　决策机制相关研究

投资决策与产业投资基金的债权人、投资者、企业员工和政府的利益密切相关，投资决策效果好坏直接影响产业投资基金的健康发展，因而是产业投资基金财务管理的核心。本节将从决策机制的概念、维度，及其与投资绩效的关系、中介作用等角度展开论述。

一、变量及其维度

决策理论的归纳总结者西蒙曾讲过,"管理就是决策"。显而易见,决策环节是管理工作的核心。"决策"这个词,在字典上的具体意思就是做出判断或决定,又可分成狭义和广义两个层次。按照广义的理解,决策就是为了实现一定的任务而提出的解决办法或者实现目标的某种合理途径,按照评定原则的要求,从多个较优方法中选定一种方法加以研究、确定和付诸实施的决策活动。而按照狭义的理解,决策则是在两种以上互相替代的方法中进行的选择。

夏申、张阳(1993)系统阐述了投资决策机制的概念,并认为投资决策机制是对投资过程中存在甚至可能发生的各种缺乏效率的问题进行有效处理的工具。周林(1988)指出投资决策体系实质上是一个对权力进行配置的工具,即权力的配置是建立在利益配置基础上的,公司的决策权是受利益主体所控制的,决策过程可以产生利益的获得或丢失;一个公司的成功与顺利经营,需要在利益相关者内部建立恰当的权力分配与决策体系。此外,还有一些其他学者的研究成果,如表2-15所示。

表2-15 决策机制变量及其维度

作者	内容	维度
周光辉(2011)	所谓决策体制,是指关于行为主体之间相互关系、决策权力配置、运行机制及决策方法、程序规范的总称	议事制度
刘进、揭筱纹(2012)	战略决策机制是指为实现战略目标,企业决策层为规范决策权力和提高决策质量而形成的关于决策权力的分配以及决策运作程序等的一系列安排的总和	议事制度

续表

作者	内容	维度
李倩、侯碧梅（2013）	投资决策机制是企业关于如何投资的一项制度安排，它运用一定的方法，通过特定的程序，合理分配投资决策权，形成科学、合理和有效的投资决策程序以及制衡机制，以协调企业内部和外部各个利益相关者之间的关系，从而提高企业对外投资的效率和效果	组织结构
罗琦、李辉（2015）	投资决策机制是风险投资家在对风险投资做出决定时，对不同项目进行甄别、评价的决策流程和标准；直接影响风险投资退出决策的因素有许多方面，可根据影响方式从风险投资行为的内在和外在两个方面展开研究	组织结构、议事制度
薛琰如等（2016）	提升投资决策的有效性必须健全决策机制，并进一步要求政府科学合理地分配投资的最终决策权、完善投资购买决策流程和完善投资方案，否则，就无法提升决策的效率和效果，所以，在这3个方面健全决策机制有着重要作用	组织结构、议事制度
Elmassri等（2016）	研究了在极端不确定的情况下的企业战略风险决策问题，认为组织内部环境和外部环境会对战略风险决策造成影响	组织结构
Brockett等（2017）	企业决策者对风险的偏好和认知会影响其决策行为	组织结构
郭守亭、王芳（2019）	决策机制是指决策组织有机体系的构成、功能及其相互关系。首先是指决策组织机体本身固有的内在功能，即决策组织本身渗透在各个组成部分中并协调各个部分，使之按一定的方式进行的一种自动调节、应变的功能。其次是指决策组织形式、决策体系、调控手段等互相衔接所形成的一整套管理机能	组织结构
李齐、曹胜、吴文怡（2020）	决策机制是一个有机的整体，坚持党的领导，通过数据有效整合，更能有效形成统一决策，系统性地看待和解决问题	组织结构

续表

作者	内容	维度
李连梦等（2020）	基于慈善理论，认为投资者动机包括内源的动机、外源的动机和提升企业声誉的动机，而这3个动机既可以影响投资者的决定，也会相互之间互相影响	议事制度
Rao等（2022）	对迪拜100多家公司进行调研，评价了迪拜企业的风险管理状况，认为企业所处的环境、行业、组织会对企业的风险决策造成影响	组织结构
何超等（2022）	投资能力、人际环境以及个人投资水平都可以明显影响到公募基金的投资决策，其中投资水平对基金投资的结果影响较大，但个人投资业绩并不显著制约基金的投资	组织机构
辛自强等（2024）	投资"新手"和投资"老手"分别采用精细分析市场信息和凭借直觉分析市场信息的方式进行投资决策，最终得出信息的质量和整合对投资决策十分重要的结论	组织结构、议事制度

综上所述，目前理论界对投资决策机制的基本内容和概念还没有形成系统的认知，本书提出的投资决策机制是为了合理提高企业投资价值而设置的一种重大机制，其主要目的是运用一定的方法，通过必要的过程，正确安排企业投入决策权，从而形成正确、合理和有效的投资项目购买与决策的过程和互相制衡的体系，实现企业内部和外部各种法律关系人员之间的互相联系，使企业投资变得更为科学合理，是一种有效增加投资回报率的工具。投资决策的考虑因子主要包括企业内部的规章制度、会计政策、资产状况、人员构成和财务状况，以及决策者本身、基金性质、人际环境、投资能力等。从已有文献可知，对于决策机制的研究，可从组织结构和议事制度两方面进行。因此，本书认为，组织结构和议事制度可作为研究决策机制的维度。

二、决策机制与投资绩效的关系

国内有关学者对于决策机制与投资绩效的关系研究较少，但在相关领域也取得了一定的研究成果。比如，在讨论决策机制与国有企业绩效之间的关系中，金晓燕等（2022）提出党组织讨论前置决策机制改善了国有企业的决策流程，显著提升了国有企业绩效。无独有偶，陈其安等（2022）通过研究发现，党委党组讨论前置决策机制在不显著降低国有企业社会绩效的情况下，显著提高了国有企业的经济绩效，实现了国有企业绩效的帕累托改进。王修晓等（2022）关注个人决策与集体决策对绩效的影响，研究发现个人决策对中国私营企业经营绩效的贡献高于集体决策，这受到市场化程度、组织特征（结构和规模）与高层领导个人权威水平的复杂调节。此外，还有一些其他学者的研究成果，如表2-16所示。

表2-16 决策机制与投资绩效的关系研究

作者	内容	维度
贾康、石英华（2011）	战略决策机制是提高企业绩效的重要因素。同时，企业家战略领导能力对企业战略决策机制优化具有显著的正向影响作用，说明战略决策机制是企业家战略领导能力影响企业绩效的重要中介变量	组织结构、议事制度
郭立新、陈传明（2011）	公司绩效是衡量公司盈利能力的重要指标，而公司的绩效往往又会受到公司决策的巨大影响	组织结构、议事制度
魏亚平、陈燕飞（2014）	基于企业内在特征的企业规模、控制权和"关系型"债务水平对研发投资决策有显著正向影响，以专利和新产品销售收入表示的不同研发周期研发绩效均与研发投资显著正相关	组织结构、议事制度
汪国银等（2013）	在战略决策过程理论的基础上，探讨决策制定方法与企业绩效间的关系，实证检验结果表明，决策制定方法与企业绩效呈显著正相关	议事制度

续表

作者	内容	维度
李友东等（2016）	深入研究了我国当前公司投资决策机制及面临的主要问题，并对公司投资决策机制内涵进行了介绍。为了提出完善企业投资决策机制的具体对策和措施，深刻剖析了决策机制与公司绩效的关联	组织结构、议事制度
刘卫柏、李中（2016）	投资是企业经济成长进程中的一项关键过程，是指企业管理层通过一定资金投入，寻找具备潜力的投资项目以获取最大利润。在这种过程中，投资的科学性、可行性因素直接关系到利润的多少，从长远而言，投资又和企业的经济社会成长进程、规模因素息息相关	议事制度
Deepan 等（2019）	在产业基金的投资过程中决策者是最终决定者，对企业盈利能力产生较大的影响	组织结构
王磊等（2019）	设计出 39 个指标来探究影响决策的因素有哪些，4 个指标来研究投资绩效的指标数据。在经过调查访谈并获得了属性数据之后，首先利用 SPEARMAN 确定了决策影响因子的主要成分，随后利用 SPEARMAN 的相关系数矩阵分析主要成分，再利用得分矩阵确定了影响投资绩效的主要决策因素，并对模型的影响因素做出了说明	组织结构、议事制度
朱凌（2019）	将翔实的数据和图表相结合，对企业现有的企业内部管理决策问题及造成组织绩效问题的状况做出关联性研究，进而提出企业经营决策的能力及决定水准的差异对企业组织实际绩效的控制有着至关重要的指导意义	组织结构、议事制度
荣鹏飞等（2019）	研究发现 CEO 变革型领导对企业决策绩效具有显著正向影响；高管团队认知决策行为在 CEO 变革型领导和企业决策绩效间具有部分中介效应；团队氛围能够调节 CEO 变革型领导对高管团队认知决策行为的正向影响	组织结构、议事制度
杨雪、何玉成（2022）	两种决策逻辑包括因果逻辑和效果逻辑均通过商业模式创新的中介作用正向影响新创企业绩效	议事制度
赵惠、吴有红（2024）	投资转化效率是指围绕投资活动所进行的投资决策、建设实施过程并最终体现为投资结果的效率。影响投资转化效率的作用机制包括决策机制、准入机制、要素配置机制、监管机制、评价机制 5 个维度	议事制度

综上所述，目前的研究普遍认为决策机制能够对投资绩效产生影响，并且绝大多数研究表明该影响为正向影响。经总结梳理得出，决策机制对于投资绩效的影响研究基本可以从组织结构和议事制度两个维度进行分析，由此可知，产业投资基金决策机制对投资绩效的促进作用是通过组织结构和议事制度来显现的。因此，根据企业投资理论、决策理论等做出如下假设。

H5：决策机制对投资绩效存在显著正向影响。

H5a：组织结构对投资绩效存在显著正向影响。

H5b：议事制度对投资绩效存在显著正向影响。

三、决策机制的中介作用

决策机制作为决定投资行为的重要机制，是投资行为中不可忽视的因素。本节对决策机制的中介作用的相关文献进行了梳理，如表2-17所示。

表2-17 决策机制的中介作用研究

作者	内容	维度
刘进、揭筱纹（2011）	决策机制是企业家战略领导能力与企业绩效的中介变量	议事制度
刘进、揭筱纹（2012）	战略决策机制是企业家战略领导能力影响企业绩效的重要中介变量	议事制度
郭立新（2014）	研究了公司战略决策理性通过决策产品对公司绩效造成影响的机制与逻辑，在此基础上，以258家国内公司样品的实验研究结果表明：基于信息资源的战略决策理性充分通过决定产品质量的中间影响对公司的实际绩效产生了影响	组织结构、议事制度

续表

作者	内容	维度
卓纮皛等（2014）	风险投资基金的风险管理，一方面会对公司绩效产生直接作用；另一方面，公司风险管理必须借助相应的投资决策机制才能产生效果，而良好的市场风险管理则必须借助投资决策机制的优化才能产生效果。决策机制的优劣也直接威胁到投资决策的品质，对企业战略流程中的决策机制研究包括了决策权限的配置、人员间对团队作用的重视程度，以及决策程序的理性情况	组织结构
郭立新、陈传明（2014）	企业家社会资本的制度性维度和市场性维度以决策理性为中介，对战略决策质量产生积极影响	组织结构、议事制度
仇中宁、陈传明（2015）	决策冲突在企业家制度性、支持性社会资本与决策质量之间的部分中介效应显著	组织结构、议事制度
荣鹏飞、苏勇、张岚（2019）	高管团队认知决策行为在CEO变革型领导和企业决策绩效间具有部分中介效应	组织结构、议事制度
曾楚宏、任丽霞、朱腾腾（2024）	创业决策质量在创业团队异质性与创业绩效之间存在显著的中介作用	组织结构、议事制度

以上文献资料均表明决策机制起部分中介作用。在产业投资基金进行投资决策时，投资机会识别分析是其在开展项目之前的一项关键步骤，它能够有效地协助企业进行正确、合理的分析，从而构建科学合理的决策机制，以寻找潜力大、投资回报率高的重点发展项目，并抓住机会，合理回避问题，大大提高了企业的抗风险能力和综合实力，有利于企业的长期性发展，最终不断地提高产业投资基金的投资绩效。决策机制是与风险管理紧密联系的，产业投资基金会遵循严格的风险识别、风险评估和风险应对过程，在不同的市场环境下进行不同的投资决策机制优化，这样更有助于公司的长期发展，

从而更好地提升投资绩效。因此，根据决策理论、企业投资理论、风险管理理论等提出如下假设。

H6：决策机制在投资机会识别与投资绩效之间起到中介作用。

H7：决策机制在风险管理与投资绩效之间起到中介作用。

第六节 投资环境相关研究

投资环境是影响产业投资基金投资成效的重要因素。因此，本节从投资环境的概念、维度及其调节作用来阐述投资环境的相关研究，为后文开展研究奠定一定的基础。

一、变量及其维度

1968年，美国学者伊西·特利法克和彼德·班廷最先提出投资环境的概念，标志着投资环境的研究上升到了理论的高度。随着时代的发展，学者们对于投资环境的研究逐渐深入，并且根据研究方向的不同，对于投资环境的定义也略显差异。本节主要阐述学者们对于投资环境的定义，如表2-18所示。

表 2-18　投资环境变量及其维度

作者	内容	维度
袁泽沛 （1990）	对我国投资环境的多方面影响因素进行了系统的梳理和分析，指出市场环境因素、政策因素、劳动效率因素和能源、交通、原材料供应等基本条件因素是影响我国投资环境最重要的因素，而这些因素中，市场开放情况、劳动力效率、行政机关效率、法律与仲裁制度的健全和能源与原材料供应的保证又是最为敏感的因素	社会环境
王绍飞 （2001）	从经济开发区投资环境入手，强调了政府布局、外部条件与比较优势、发展战略和政府支持等因素对投资环境的改善具有重要的作用	社会环境、经济环境
周杰文 （2005）	针对地区引资成本进行研究，提出地区投资环境优化调控的目标主要涉及公共影响因素和专业影响因素，成功吸引某项投资的前提是形成满足这项投资的前述条件的投资环境	社会环境
潘霞、 范德成 （2007）	投资环境是指某一地区或国家为接受或吸引外来投资所提供的各种条件的集合，它是一个动态的多层次、多因素的综合系统，是区域经济的一种表现形式，反映了区域经济的一些特征和必然联系	经济环境
刘润芳 （2007）	投资环境是指一个地区或经济体在一定时期内拥有的对投资活动有影响力的各种因素和条件的综合系统，是一个地区经济社会发展进步的标志。它不仅包含了对投资有直接影响的因素——硬环境，更包括了影响投资的软环境	社会环境
胡鞍钢 （2010）	投资环境是指一个地区或国家所特有的决定企业进行生产型投资、创造就业、扩大规模的各种机会和激励机制的一系列因素	社会环境
周国富、 史玉蕾、 王静怡 （2011）	投资环境是在一定时间和空间范围内，影响或制约投资主体决策、投资活动进行和投资活动结果的，各种相互作用、相互交织、相互制约的条件或因素所形成的有机统一整体	社会环境

续表

作者	内容	维度
权进民、周圣、史本山（2013）	投资环境是指伴随投资活动整个过程的各种周围境况和条件的总和。概括地说，包括影响投资活动的自然要素、社会要素、经济要素、政治要素和法律要素等	社会环境、经济环境
刘海飞、许金涛（2017）	从社会环境、经济环境、基础设施和自然环境4个维度出发，基于改进的主成分与聚类方法，构建了省域投资环境竞争力评价指标体系与竞争力评价模型，对省域投资环境竞争力评价进行排名和区域分类	社会环境、经济环境
刘军荣（2019）	投资环境指投资经营者的客观条件，分为软环境和硬环境，包括宏观、中观和微观3个层面，宏观层面的软环境包括了社会政治、市场因素、资源因素、劳动力、资金因素、管理水平和技术能力等诸多方面	社会环境
李新丽等（2021）	宏观经济作为企业的外部环境，其所拥有的复杂和不确定性为企业创造了更多的机遇和投资机会，对于企业而言，这样的外部环境也是风险和收益的共同体	经济环境
刘倩、李富佳等（2021）	投资环境是指一定时间及空间范围内影响投资活动的各种因素的总和，投资环境的优劣是投资区位选择的基础	经济环境、社会环境
王昊、张书齐、吴思彤等（2023）	城市投资环境反映了城市为各类市场主体开展投资活动提供的资源和条件，直接关系着投资活动的可持续性，良好的投资环境是城市经济社会健康运行的重要指征	社会环境
贺正楚、任宇新、王京、吴艳（2024）	一个区域、一个地区特有的经济、科技、金融等因素构成当地创业投资环境体系	社会环境、经济环境

综上所述，基于不同的研究背景，学者们对于投资环境的定义有所不同，但学术界普遍认为投资环境是由相对复杂的因素复合构成的。本书认为投资环境包括投资时所面对的各种能够对投资行为产生影响的内外部因素。从社

会环境层面来看，包括人口素质等在内的环境因素影响了企业的投资；从经济环境层面来看，一个地区的经济发展水平、经济体制、经济周期等经济环境因素关系着企业的投资决策及投资效益。因此，社会环境和经济环境可以作为本书研究投资环境的维度。

二、投资环境的调节作用

本节对投资环境的调节作用的相关文献进行了梳理，学者们基于不同的研究提出了不同的看法，如表 2-19 所示。

表 2-19　投资环境的调节作用研究

作者	内容	维度
梁莹莹（2017）	基于制度环境和金融发展的双调节效应视角，从企业竞争优势和外来者劣势两重维度考察了中国物流企业对外直接投资绩效的影响因素。制度环境和金融发展在上述作用机制中存在明显的调节效应，其中，制度环境能够显著弱化甚至在某种程度上消除外来者劣势对物流企业投资绩效的不利影响	社会环境
倪艳霞、黄净（2019）	国家颁布的法律法规作为投资环境中的一部分，会对风险投资绩效产生间接影响	社会环境
李梦雅等（2021）	在地区市场化进程、知识产权保护、对外开放水平的调节作用下，风险投资引致的额外研发投入能够间接地增加企业的创新产出，即良好的地区制度环境能够提高风险投资引致的额外研发投入的产出效率，增强风险投资的创新产出效应，且在对专利进行细分后发现，这一促进效应主要在企业的发明专利中显著	社会环境

续表

作者	内容	维度
丁含等（2021）	对内部治理环境研究发现其具有调节效应，即当内部治理环境较好时（代理成本较低、管理层权力较小），投资信息审计意见的正面作用得到提升，负面作用受到抑制	经济环境
胡渊、杨勇（2021）	从投资环境出发研究发现投资环境的调节效应，即财政支出通过改善本地投资环境促进了外资流入。同时，调节效应的空间效应也显著存在，说明各地财政支出改善了全域投资环境并促进了外资流入	经济环境
邹志明、陈迅（2023）	环境规制在FDI与经济发展质量之间具有正向调节作用	社会环境；经济环境
贺正楚等（2024）	国家大基金保障年限与芯片企业技术创新呈U形关系，且芯片企业所在地区的创业投资环境在二者中起调节作用	经济环境

通过文献分析可知，投资环境会对投资绩效产生一定的影响，并且通过社会环境和经济环境来体现。投资环境的作用体现在做出决策进行投资到产生投资绩效的过程中，因此，从决策机制到投资绩效的影响路径中，投资环境能够起到一定的调节作用。为此，根据企业投资理论、投资组合理论等做出如下假设。

H8：投资环境在决策机制对投资绩效的影响过程中起到调节作用。

第七节　研究假设

本书按照"投资机会识别和风险管理—决策机制—投资绩效"的逻辑思路，以决策机制为中介变量、投资环境为调节变量，分析投资机会识别、风险管理和投资绩效的关系，分别对投资机会识别与投资决策机制的关系、风险管理与决策机制的关系、投资机会识别与投资绩效的关系、风险管理与投资绩效的关系、投资决策机制与投资绩效的关系、投资决策机制的中介功能、投资环境的调节功能等进行了理论研究与逻辑演绎，共得到21个假设，其中包括10个子假设，如表2-20所示。

表2-20　假设汇总表

编号	假设
H1	投资机会识别对投资绩效存在显著正向影响
H1a	投资能力对投资绩效存在显著正向影响
H1b	机会识别对投资绩效存在显著正向影响
H2	风险管理对投资绩效存在显著正向影响
H2a	市场风险管理对投资绩效存在显著正向影响
H2b	运营风险管理对投资绩效存在显著正向影响
H3	投资机会识别对决策机制存在显著正向影响
H3a	投资能力对决策机制存在显著正向影响
H3b	机会识别对决策机制存在显著正向影响

续表

编号	假设
H4	风险管理对决策机制存在显著正向影响
H4a	市场风险管理对决策机制存在显著正向影响
H4b	运营风险管理对决策机制存在显著正向影响
H5	决策机制对投资绩效存在显著正向影响
H5a	组织结构对投资绩效存在显著正向影响
H5b	议事制度对投资绩效存在显著正向影响
H6	决策机制在投资机会识别与投资绩效之间起到中介作用
H7	决策机制在风险管理与投资绩效之间起到中介作用
H8	投资环境在决策机制对投资绩效的影响过程中起到调节作用
H9	理性的投资行为会对投资绩效产生显著正向影响
H10	合理的资产配置会对投资绩效产生显著正向影响
H11	丰富的投资经验会对投资绩效产生显著正向影响

第八节　研究模型与作用机理

通过以上的文献梳理，本书提出了以下研究模型及作用机理。

一、研究模型

基于投资组合理论、风险管理理论和企业投资理论，产业投资基金依托投资人独特的投资眼光，以风险最小化和收益最大化为基本目标，及时洞察合适的投资机会，进而增加了企业投资的绩效收益，同时通过对风险的识别与管控，全面掌控投资过程中可能出现的风险，为企业提高投资绩效提供了保障。

基于投资组合理论、风险管理理论、企业投资理论和决策理论，产业投资基金依赖既有的投资人经验优化已有的决策机制，通过风险管控扫清投资过程中可能的障碍以便于企业做出投资决策，成熟的决策机制提高了企业获得高投资绩效的可能性。

基于投资组合理论、企业投资理论和决策理论，产业投资基金要想获得高绩效，一是要做出正确的投资决策，二是要有一个良好的投资环境，正确的投资决策在良好的投资环境中才能被充分实施，并最终表现为企业的投资绩效。

基于投资组合理论和企业投资理论，理性的投资行为、合理的资产配置以及丰富的投资经验，都是能够提高企业投资绩效的方式。

基于上述分析，得到本书的理论模型（见图 2-1），即投资机会识别、风险管理、决策机制、投资环境、投资绩效的关系模型。图 2-1 中反映了该模型的因变量是投资绩效，自变量是投资机会识别和风险管理，中介变量是决策机制，调节变量是投资环境，控制变量是投资行为、资产配置和投资经验。

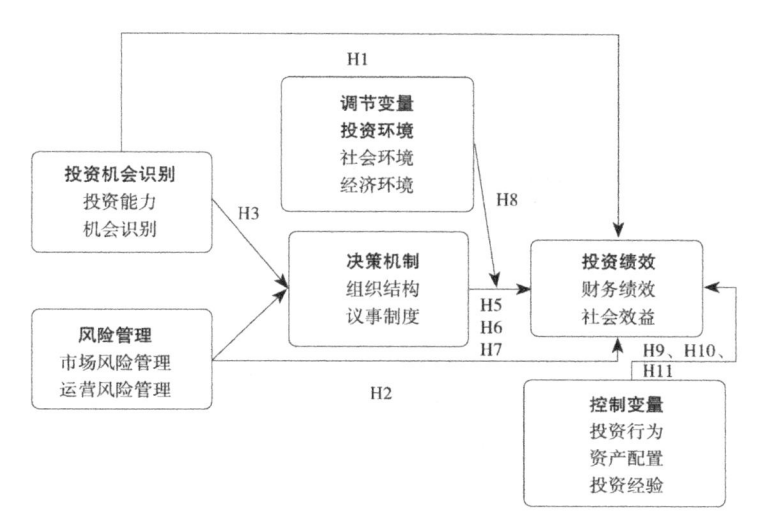

图 2-1　研究模型图

二、作用机理

本节进一步对本研究的作用机理做简要阐释（见图2-2），包括投资机会识别对投资绩效的影响、风险管理对投资绩效的影响、投资机会识别对决策机制的影响、风险管理对决策机制的影响、决策机制对投资绩效的影响、决策机制的中介作用以及投资环境的调节作用。

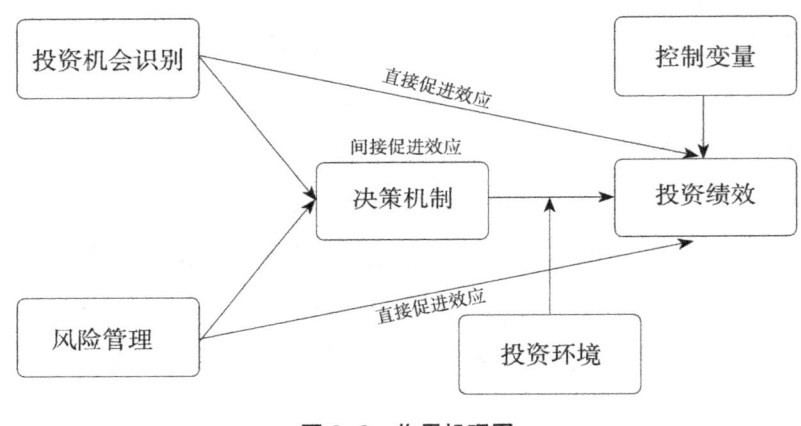

图 2-2 作用机理图

（一）投资机会识别对投资绩效的影响

投资机会识别能够对投资绩效产生直接促进效应。识别投资机会是产业投资基金进行投资的第一步，企业通过及时洞察投资机会、以高投资能力充分评估投资项目来做出投资决策，能够提高企业的资金使用效率，并进一步提高企业的投资绩效。用企业投资理论来解释，即通过识别投资的机遇与挑战，使企业更有可能获得高投资绩效。

（二）风险管理对投资绩效的影响

风险管理能够对投资绩效产生直接促进效应。风险是影响产业投资基金开展投资行为不可避免的因素之一，因此，企业有必要实行一定的风险管理措施来管控可能的风险，使企业在投资过程中尽可能规避风险从而获得最大的收益。用风险管理理论来解释，即通过使用一定的风险管理方法及工具管控风险，进而提高企业的投资绩效。

（三）投资机会识别对决策机制的影响

正确的投资决策有赖于企业对投资机会的识别与洞察，因此，企业对合适的投资机会的识别会对企业的投资决策产生影响，关乎企业能否做出正确的投资决策。用企业投资理论、决策理论来解释，即识别好的投资机会有利于产业投资基金以最优、最佳、合理的原则做出决策。

（四）风险管理对决策机制的影响

风险管理是企业投资过程中不可或缺的管理行为，通过对风险的管控，可以有效提升产业投资基金的运行效率，提高企业决策的可靠性，进而优化对应的决策体制。用风险管理理论、决策理论来解释，即通过识别、管控风险，进一步优化企业的决策机制。

（五）决策机制对投资绩效的影响

决策机制能够合理地影响企业做出正确的决策，合理的决策机制能够使企业的投资决策更加科学、经得起推敲，所以，企业的决策机制能够对企业的投资绩效产生影响。用决策理论、企业投资理论来解释，即产业投资基金做出科学的投资决策，进而从投资行为中得到相应的投资绩效。

（六）决策机制的中介作用

以决策机制为中介，投资机会识别能够对投资绩效产生间接促进效应，风险管理能够对投资绩效产生间接促进效应，即投资机会识别通过决策机制对投资绩效产生正向影响，风险管理通过决策机制对投资绩效产生正向影响，其中决策机制是通过组织制度和议事制度两个方面来体现的。决策机制的中介作用可以用决策理论、企业投资理论、风险管理理论、委托代理理论来解释。决策是在有两个及以上备选方案时按照一定的规则做出决定的过程。识别投资机会在投资过程中的重要性不言而喻，而高投资绩效的产生，除了要正确识别投资机会以外，更有赖于科学的决策机制，企业的所有者通常通过组建专业团队来培养企业专业的团队。因此，识别投资机会可以通过企业按照一定规则做出决定的决策过程来助推企业高投资绩效的产生。

（七）投资环境的调节作用

投资环境在决策机制对投资绩效的影响过程中起着一定的调节作用，其中投资环境是通过社会环境和经济环境来体现的。投资环境的调节作用可以用企业投资理论、投资组合理论、决策理论来解释。企业按照其决策原则做出投资决策并实施行动之后，将产生一定的投资绩效，而从做出决策到产生投资绩效的过程中，根据企业投资理论、投资组合理论、决策理论可知，投资环境在其中会发挥一定的作用。良好的投资环境有利于投资决策的落地进而产生高投资绩效，而差的投资环境则可能会起到相反的作用。

（八）投资行为、资产配置及投资经验对投资绩效的影响

企业的投资行为直接影响着企业的投资绩效，而企业的资产配置影响着企业的投资组合，投资经验是影响企业能否做出正确的投资决策的重要因素之一，因此，投资行为、资产配置及投资经验都会对投资绩效产生影响。用

企业投资理论、投资组合理论等来解释，首先，由企业投资理论可推知，投资行为会对投资绩效产生影响；其次，由投资组合理论可推知，资产的配置能够影响企业的投资绩效；最后，由企业投资理论可推知，具有丰富投资经验的投资人往往能够让企业得到高投资绩效。

● 本章小结

本章主要阐述本书的理论基础及文献综述。首先，分别介绍了投资组合理论、风险管理理论、企业投资理论、委托代理理论及决策理论，主要从理论的学术史、学者研究及理论作用3个方面进行阐述。其次，分别介绍了投资绩效、投资机会识别、风险管理、决策机制及投资环境的相关文献，通过梳理文献明确了变量及维度，介绍了投资绩效的影响因素，并提出以投资行为、资产配置及投资经验作为控制变量。最后，通过文献分析投资机会识别、风险管理与投资绩效的关系，剖析决策机制的中介作用及投资环境的调节作用，并据此提出与投资机会识别、风险管理、决策机制、投资环境、投资绩效、投资行为、资产配置及投资经验相关的假设，明确研究模型及变量间的作用机理。

第三章

案例分析

基于现实和理论背景的梳理和分析以及由此形成的预设，为了深入探讨投资机会识别、风险管理和产业投资基金公司投资绩效之间的作用机制，本章选取3个有代表性的产业投资基金公司展开探索性的案例研究。在上一章提出的预设指导下，进行数据收集与分析，进一步验证产业投资基金投资机会识别、风险管理、决策机制、投资环境与投资绩效变量的细分维度及相互之间的关系。

第一节　案例研究方法与步骤

本节主要介绍案例分析中所用到的案例研究方法与案例研究步骤，其中案例研究方法主要介绍其由来以及部分学者对该研究方法的看法，而案例研究步骤则主要介绍了八步骤法。

一、案例研究方法

案例研究方法源自20世纪初的社会学和人类学研究，著名的人类学家兼社会学家马林诺斯基对太平洋岛上原住民的研究开创了案例研究的先河。其后，该方法在社会学领域迅速发展。斯特克曾如此形容它，"案例可能是一位孩童、一间儿童课堂，或是某个事情，每次出现，都是一种'有界限的系统'。"那么，何谓"有界限的系统"呢？卢晖临和李雪（2007）认为，所谓"界限"即是案例与其他案例及其环境之间的区别，而所谓"系统"即是案例及其各个组成部分所构成的一个相对一体化的研究单位。从案例的定义可以看出，案例与情境有关。

  普拉特（1992）把案例研究定位为一个研究设计的逻辑。第一，这套逻辑表明案例研究是一种实证研究的方式，而这个方法通常是在不脱离现实环境的条件下对正在进行中的问题进行研究，也一般用于处理研究目标对象与其所处环境之间具有界限不清或不可分割现象的问题；第二，这套逻辑也意味着案例研究必须遵守一定的研究流程和科技环节（比如一定的资料收集方法、资料分析方法或者三角检证的原理等）。

  目前学界对案例研究的分类有些许差异。基于研究对象的差异，艾森哈特（1989）将案例研究分为提供分析描述的案例研究、提供基础理论的案例研究及对理论进行检验的案例研究，张燕、王辉和樊景立（2008）将其分为描述性案例研究、探究性案例研究以及详细解释性案例研究。基于个案种类的差异，研究界又将个案研究分成了单个案例研究与多个案例研究。其中，探讨性个案研究是指学者们在对个案特征、研究性质、研究过程和研究方法还没有完全理解前所做出的最初探讨，为之后进一步的研究工作奠定了探讨的基石；多案例分析可以通过事件的重复支持分析结论，进而提升研究的有效性。多案例研究的特点表现在案例内研究与跨案例研究两种分析阶段。针对企业的案例研究的难点之一是获取有价值的资料，它要求深入研究对象内部获取资料。本书通过资料查阅，全面和深入了解3家代表性产业投资基金公司，并在文献分析整理的基础上结合研究主题，为研究提供了更加准确的信息支撑。

二、案例研究步骤

关于多案例研究，目前较为普遍的研究步骤包括界定和设计研究、准备案例、收集和分析资料、分析与总结案例。Eisenhardt（1989）将案例研究的过程分为开启、研究方法与项目选取、研究手段与技术研究、获取数据、研究资料、建立假设、比对资料、完成等8个步骤。需要说明的是，虽然这些步骤有明显的边界，但它们之间可能存在一些循环的回路关系。而本书便是参照上述步骤，展开探索性案例研究。

第二节 研究设计

探索性项目的实操没有绝对合理的个案数量，要根据实际研究问题确定具体需要几个案例，但案例数量决定了个案研究的效率（Eisenhardt，1991）。研究的深度和复杂度往往会限制案例的使用数量，所以研究过程中的个案数量也不能太多。最终，本书选取了3个案例进行研究。

一、案例选择

案例分析法对于案例报告的编制必不可少，此外，在课堂教学、企业调查中也常常会用到。该方法的重点在于利用发生在公司中的真实事件加以研究，找出产生问题的根本原因，好处就是不用经常性地穿梭于公司进行调查，能够节约大量的时间进行探索与研究，并且典型、生动的案例可以让其他未能亲见公司的专家通过案例给予一定的指导和意见，提升研究的权威性和科学性。

本书采用多案例研究，研究对象为产业投资基金公司。产业投资基金公司在企业所有权方面，涵盖国有、合资、民营等多种不同所有制形式，在企业规模上，覆盖了从拥有上千名员工规模的大型企业到数百人的中型企业，以及几十人的小型企业。据此，本研究综合行业和经营规模等要素，选出了3家企业，如表3-1所示。

表 3-1　样本企业基本信息

企业	成立时间	员工人数
越秀资本	32 年	1231
九鼎投资	17 年	255
冀财基金	24 年	26

二、数据收集方法

产业投资基金作为政策性投融资创新工具，受到了市场经济环境和商业机密制度的影响，数据未能充分地对外公开，不能直接利用数据库大量收集调研样本，使得其数据收集具有相当的难度。所以，本章所用到的数据信息都是通过多种途径、多种手段，利用手工的方式进行收集与整理的。

1. 基于公司年报等材料，运用事件分析法

本研究采用了事件分析法，其中文件资料为主要来源，这得益于样本企业许多管理文件的起草和形成是在组织领导下集体完成的，许多管理规范、流程制度等至今依然为企业所用。此外，在进行访谈数据收集时，需要与样本企业建立较高的互信关系，从而提高收集信息的客观性和可靠性。具体来说，就是以样本企业若干年份的年报内容为主线，再根据刊登的时间，分别

总结出每年各样本企业的经营项目，再对这些活动进行深入分析和分类编码。

2. 通过技术处理，弥补年报等数据源的局限

对于公司年报和主数据库中所出现的选择性偏差和描述性偏差的局限（King、Soule，2014），本研究也针对性地采取了措施以降低偏差。一方面，本研究选取的公司年报出刊频率较高（一周出刊均在3次以上），有利于降低选择性偏差；另一方面，除去企业财务报表等，实验人员在编码中同时使用了访谈资料、各种文件资料数据、直接观测资料等多种来源的资料，建立了三角检证。采用这些技术减少误差早有先例，King、Soule（2014）在ASQ上发表的研究就是通过上述方法成功地降低了年报等数据源的偏差，保证了数据的质量。

三、数据分析方法

Glaser等（1998）认为信息数据的收集和分析经常是交叉进行的，而非彼此分开。首先，本书在梳理完成投资机会识别、风险管理、决策机制、投资环境、投资绩效等主要概念的基础上，将所有的资料按照理论预设来分类并编码；其次，在这些概念之下进一步发展出子类别，同时对它们进行更进一步的编码；再次，依照Eisenhardt（2007）的建议，将理论构建分解成几个假设，并通过案例资料和事实来逐个检验是否一致；最后，利用对各部分和假设之间的结构关系的描述刻画来构建理论框架。

第三节 案例企业介绍

本节综合案例选取的基本原则与方法，主要按照时间的先后顺序研究分析越秀资本、九鼎投资、冀财基金3家公司总体概况、产业基金投资的动机、突出特点以及对企业价值的促进作用。被投企业一般具备以下特点：一是具有稳定良好的盈利能力；二是具有创新精神的研发团队；三是创新的核心技术或商业模式；四是合理的股权架构；五是清晰的盈利模式、广阔的市场前景。这给引进产业基金投资的企业提供了一些可借鉴的思路。

一、越秀资本

越秀资本成立于1992年12月，是一家以从事资本市场服务为主的企业，2000年于深圳证券交易所主板上市。越秀资本自2018年起连续获得中诚信"AAA"评级，公司控股越秀租赁、广州资产、越秀产业基金、越秀产业投资、广州期货、越秀担保、越秀金科等多个金融业务平台，并形成了以融资租赁业务、不良资产管理业务、投资管理业务、期货业务和担保业务为主的业务体系。在股权投资方面，越秀产业基金围绕新医药、新文娱、新制造和新消费四大行业，重点关注细分产业龙头，投资了一批优质的股权项目。在母基金投资方面，越秀产业基金聚焦头部GP（General Partner，即普通合伙人），与业内优秀的基金管理人、券商直投机构、产业龙头等开展FOF（Fund of Funds，指投资于基金组合的基金）投资合作，通过分散化投资各优秀子基金获取稳健回报，同时还挖掘合作机构带来的直投业务机会。目前，越秀产业基金已与金石投资、国投创合、中信产业基金等机构达成合作。

2016年4月，公司顺利完成非公开发行股票募集100亿元收购广州越秀金融控股集团有限公司100%股权，由单一的百货业务转型为"金融+百货"的双主业模式，并成为国内首个地方金控上市平台。同年，公司总市值成功进入中国上市公司500强。越秀产业基金依托越秀集团产融协同优势，把握城市化进程中的地产夹层投资机会，实现了良好发展。2017年，越秀产业基金联手广州地铁、珠江实业等市属国企成功发起设立广州国资开发联盟和广州城市更新基金，打造了"基金+土地+运营"的城市更新模式，服务于广州新兴城市化建设。2019年3月，公司披露广州证券与中信证券合并重组的重大资产重组报告书，并在2020年3月合并完成，公司也在该年成为中信证券的第二大股东。2022年，公司合计出资41.67亿元参与中信证券配股认购与增持，持股比例从2021年的7.09%升至8.14%，维持巩固了中信证券第二大股东的地位。2023年，越秀资本明确"绿色转型"为高质量发展战略的核心主题，围绕绿色产业客户提供资产收购、合作运营、设备租赁等一系列综合金融服务。

二、九鼎投资

九鼎投资成立于2007年，是九鼎集团旗下控股成员企业，是在上海证券交易所上市的私募股权投资与管理机构。公司主要从事私募股权投资管理及房地产开发与经营业务，包括参股投资、控股投资、可转债和固定收益投资三大板块，以中国境内消费服务、医疗健康、先进制造等领域内的优质企业为主要投资对象，在消费、服务、物流等20余个细分行业领域组建专业投资团队，完成了大量项目的成功投资。九鼎投资作为一家投资管理公司，曾获得多项荣誉，如清科"中国最佳PE机构""中国PE机构十强"、投中"中国最佳PE机构""中国PE机构十强"和福布斯"中国最佳PE机构"等。

目前，九鼎投资旗下管理有多只人民币、美元基金。截至2023年12月31日，管理资产规模累计约611亿元，投资以国内为主的成熟与创业企业累计约367家，累计投资规模约336亿元，其中已登陆资本市场企业64家。公司已退出项目综合年复合收益率（IRR）超过21%。在社会责任方面，自成立以来，九鼎投资始终坚持"金融服务实体"的经营理念，以股权投资引导社会资本参与国民经济各行业发展，增进社会的效率与公平、推动人类的进步与福祉。九鼎投资始终秉承"发现并成就卓越企业，为出资人创造优异回报"的使命，助力所投资企业持续成长，为公司员工提供发展机会。九鼎投资所投企业每年为我国贡献GDP超过3200亿元，缴税近200亿元，提供就业岗位近50万个，不断支持着实体经济的发展。

三、冀财基金

冀财基金成立于2013年11月，系经河北省政府同意、由省级财政部门共同出资成立的产业引导型股权投资基金企业，注册资本7.5亿元，受托管理省级PPP基金、中小企业成长基金、工业技术创新基金、大气污染综合治理基金、战略性新兴产业基金、企业走出去基金、文化体育基金等多个省市级财政产业投资基金。

按照市政府和省财政厅的授权，由冀财基金承担河北文化产业发展引导计划股权投资基金的具体运营管理工作，并根据规定的运行机制、投资方向和投入资金比重建立子基金，共同进行基金投资运营。截至2019年年底，河北省政府财政用于投资的资金总规模有88.9亿元，建立了由12个政府主管部门负责管理的23只引导投资基金。其中11只投资引导基金和社会资金达成合作，成立母基金，且已投入项目建设，已设立的76只子基金规模为452.2亿元。2017年，河北省省级政府财政引导基金发展迅速，当年成立了42只子基金，新增基金认缴总规模为304.3亿多元。与全国政府部门引导基金的总体发展状况相比，河北全省政府部门引导基金在近两年的发展速度已逐步减缓，2018 年成立 11 只子基金，认缴资金总规模为 39 亿元，2019 年成立 5 只子基金，认缴资金总规模为 2.9 亿元。在国家政策资管新规和整个产业发展大环境变动的共同影响下，公司加强了对子基金的监管，对经营和财务状况进行科学指导，对基金投资风险和财务风险加强了防范，产业引导基金有效配合省审计厅和省财政厅的相关监督和检查。

第四节 归类分析

本节将依照研究主题所涉及的主要变量，分别按照投资机会识别、风险管理、决策机制、投资绩效、投资环境的顺序，以访谈的形式展开讨论和分析，并结合相关公司较高职位的负责人按照由低到高的 5 个评分级所给的评分，综合得出结果。

一、投资机会识别

本书中的投资机会识别是从投资能力和机会识别两个维度来测度，分别代表了战略在结构和关系两个基本维度的特征，样本企业的资料和数据收集、整理也从这两个方面进行。

产业投资基金通过选取科学合理的投资退出方法和恰当适宜的时间，使企业在实现产业政策目标的同时，达到投资收益目标，这些都是需要继续进行深入研究的重要内容。

产业投资基金项目进入战略规划以后，国家的经济发展也处于一个特定时期，产业投资基金市场的各项法律法规日趋健全，企业经过市场的洗礼，各自的市场范围和专业资质也越来越明确。越秀投资在投资机会识别方面，按照"专业化管控下的专业化经营"定位，与广州金融研究院联合，围绕公司发展相关的重大课题和市场情况，以投资项目的效益为先，聚焦收益确定性高和现金流回笼快的项目。九鼎投资利用成熟度象限的匹配，根据不同行业成熟度的情况发掘出不同的投资机会，动漫类平台、电竞平台、基于内容或社群的消费型平台等领域是九鼎投资主要关注的成长性投资机会。对于一些行业规模大、发展较为成熟的领域，九鼎投资则关注并购整合的可能性，或者利用新技术推动传统业态的革新，进而获得更多的投资机会。冀财基金在有了核心基金项目之后，利用公司内部和外部资源的重组和资本的运作开展多元化经营，整体方向和产业发展方向相挂钩，向公司的上下游产业链发展，并且能够通过各部门之间的合作最大效用，对企业的经营效率产生积极影响，为投资者谋求最大利益。

结论：通过样本企业的资料和数据收集、整理和分析，得出投资能力和机会识别分别代表着投资机会识别的内部与外部基本特征。因此，本书选择从投资能力和机会识别两个维度对变量投资机会识别进行测度。

同时，对投资能力和机会识别两个维度进行量化评价（李克特5级评分制），得分如下。

投资能力：3。

机会识别：4。

二、风险管理

本书中的风险管理是从市场风险管理和运营风险管理两个维度来测度，分别代表了风险在企业发展过程中的内部与外部两个特征，样本企业的资料和数据收集、整理也从这两个方面进行。

产业投资基金工程项目风险管理是针对产业投资基金项目全过程的实施过程，3个样本公司的产业投资基金项目都具有投资大、参与方众多等特点，导致了产业投资基金会有很多不确定因素。其中，越秀资本主动应对内外部形势变化，优化调整风险政策，在加强分类风险管理、强化市场风险研判管理和优化风险系统的基础上持续强化风险经营能力。九鼎投资搭建专业风控团队，根据发展需要，不断优化内部控制设计，持续改进内部控制评价机制，并坚持"把握系统性机会是最好的风控"理念，不断推进风险管控目标实现进程。冀财基金的风险管理和监控不但有助于解决一些风险的残留问题，而且还能够更合理地评估损失。

综合案例分析，可以说明产业投资基金的风险是其最根本的特征，若不能合理处理产业投资基金风险与收益之间的关系，就会影响整个产业投资基金项目的投资收益，最后导致投资方亏损。所以，产业投资基金的管理者应该充分地认识到产业投资基金风险，对其进行合理的评估和分析，制定出合理的产业投资基金风险管理措施，从而确保企业的持续生存和发展。

结论：通过样本企业的资料和数据收集、整理和分析，得出市场风险管理和运营风险管理分别代表着风险管理的内部与外部基本特征。因此，本书选择从市场风险管理和运营风险管理两个维度对变量风险管理进行测度。

同时，对市场风险管理和运营风险管理两个维度进行量化评价（李克特5级评分制），得分如下。

市场风险管理：4。

运营风险管理：4。

三、决策机制

本书中的决策机制是从组织结构和议事制度两个维度来测度，分别代表了决策机制在组织层面和项目层面的两个基本维度，样本企业的资料和数据收集、整理也从这两个方面进行。

在决策机制方面，越秀资本要求投资的决策和实施必须试行专门管理和逐级审批制度，股东大会、董事会、总经理办公会议是公司投资行为的决策机构，如若投资未达到董事会审议标准，则由董事会授权经理层进行审批。此外，为保证决策的科学性，越秀资本同时规定决策前投资项目可聘请专家或中介机构进行可行性分析论证。九鼎投资则是设立了私募股权投资管理业务公司投资决策委员会，该委员会由6人组成，由公司董事会任命，在董事会的授权范围内行使投资决策职能，当提出的议案有全体委员三分之二及以上票数通过即可生效。冀财基金的发展遵从"政府部门指导、市场经济运行、合理政策、防止经营风险"，确定了市场的主导地位和公司投资的主要路径，并从证券市场上挑选具有专业技能且高水平的基金管理人员作为冀财基金内部基金管理者和投资者，不断创新公司的投资机制，积极进行市场化投资。

总体而言，决策机制增强了公司的投资效益，并优化了公司的股权结构，减弱了股权集中度，对投资绩效形成有效的支撑力。

结论：通过样本企业的资料和数据收集、整理和分析，得出组织结构和议事制度分别代表着决策机制的内部与外部基本特征。因此，本书选择从组织结构和议事制度两个维度对变量决策机制进行测度。

同时，对组织结构和议事制度两个维度进行量化评价（李克特5级评分制），得分如下。

组织结构：4。

议事制度：5。

四、投资环境

本书中的投资环境是从社会环境和经济环境两个维度来测度，代表了企业所处的投资环境，样本企业的资料和数据收集、整理也从这两个方面进行。

投资环境是影响投资决策、投资绩效的重要因素，良好的投资环境可以推动企业投资业务的发展。越秀资本所在的广州市不断迭代实施营商环境改革，从 1.0 版本到 6.0 版本，每次都有针对性地进行改进和创新，尤其是注重与国际通行规则的对接，推动国际产能资源集聚，为越秀资本提供了更加开放和国际化的营商环境。作为科技教育文化中心，广州市拥有高校 84 所，在校大学生 165 万人，集聚两院院士和发达国家院士 135 人，海外人才 1.6 万名，高技能人才 128 万人，为越秀资本的发展提供了大量的人才。九鼎投资地处的江西省南昌市，于 2023 年出台《关于打造区域金融中心 加快金融业高质量发展的实施意见》，提出推动金融机构不断完善，深化与大湾区、长三角的金融合作并支持发展金融数据中心、服务中心，同时大力引育金融人才，为九鼎投资提供了良好的政策环境和人才支持。而冀财基金则是得到了政府的大力支持，受托管理多个省市级财政产业投资基金。此外，冀财基金能够从证券市场上集结到所需要的人才，说明所处的社会环境中人口素质可以满足其发展需求，且经济环境中蕴含着巨大的投资机遇。

结论：通过样本企业的资料和数据收集、整理和分析，得出社会环境和经济环境代表着投资环境的基本特征。因此，本书选择从社会环境和经济环境两个维度对变量投资环境进行测度。

同时，对社会环境和经济环境两个维度进行量化评价（李克特 5 级评分制），得分如下。

社会环境：3。

经济环境：4。

五、投资绩效

本书中的投资绩效是从财务绩效和社会效益两个维度来测度，分别代表了企业经营收益的两个基本层面，样本企业的资料和数据收集、整理也从这两个方面进行。

对于任何企业来说，从经营中获得财务绩效都是其核心目标，成本小于收益的项目才是符合企业生存发展的项目。在财务绩效方面，越秀资本子公司越秀产业基金于2023年实现净利润3.55亿元。截至2023年12月，越秀产业投资权益类投资余额为76.21亿元，同比增长39.83%，固定收益类投资余额为46.54亿元，同比增长6.87%，成为越秀产业投资稳定的收入来源。在社会效益方面，越秀产业基金为推动江西省产业转型升级，设立了22亿元越秀南昌基金，同时，还设立了10亿元规模的新能源基础设施投资基金，服务7000余户农户，帮助提高农业现代化水平。九鼎投资2023年全年归母净利润仅为1534.51万元，同比减少91.19%，这是由于公司私募股权投资管理业务存量基金进入退出期导致管理费收入减少，同时项目退出数量和项目投资收益较上年同期下降。但随着经济的回温，九鼎投资仍有许多上升的空间，仍坚持以股权投资的方式支持实体经济的发展。多年以来，冀财基金积极探索，已经形成符合市场规律、行业特点和具有自身特点的核心竞争力，并长期坚持以积极向上的企业文化引领企业的经营，塑造企业战略、塑造品牌、提升管理。总体而言，丰富的业绩优势就是产业投资基金公司最好的名片。

结论：通过样本企业的资料和数据收集、整理和分析，得出财务绩效和社会效益分别代表着投资绩效的内部与外部基本特征。因此，本书选择从财务绩效和社会效益两个维度对变量投资绩效进行测度。

同时，对财务绩效和社会效益两个维度进行量化评价（李克特5级评分制），得分如下。

财务绩效：4。

社会效益：2。

六、案例总结和命题推导

国家发展改革委在解决企业发展融资困难的同时，也引导企业向战略性新兴产业转移，并开始设立产业基金。截至 2019 年 7 月，我国产业基金总目标规模已达到 11.6 万亿元。本书选择了比较典型的战略新兴产业越秀资本、九鼎投资、冀财基金 3 家公司作为投资经典项目的主要样本，并着重研究了产业基金项目的投资机会识别、风险管理、投资环境、决策机制和投资绩效之间的联系等问题。针对投资机会识别、风险管理、投资环境、决策机制和投资绩效等进行了大致描述，再分别对相关信息进行编码，以便于对单个案例结果进行归纳和提炼，同时方便进行跨案例分析，最终提出初步的命题假设。

本研究采用因子载荷得分最高的前 3 个题项，按照李克特 5 级评分制，由相关公司负责人（不同于上面被访谈的负责人）对问卷进行填写评分（见表 3-2），题项评分结果与以上访谈的评价基本一致。

表 3-2 案例企业数据汇总

变量	维度	越秀资本	九鼎投资	冀财基金
投资绩效	财务绩效	4	3	4
	社会效益	4	4	4
投资机会识别	投资能力	4	4	3
	机会识别	4	3	4
风险管理	市场风险管理	4	3	5
	运营风险管理	3	4	4

续表

变量	维度	越秀资本	九鼎投资	冀财基金
决策机制	组织结构	3	2	4
决策机制	议事制度	4	2	4
投资环境	社会环境	3	4	2
投资环境	经济环境	4	4	4

第五节　结果讨论与分析框架构建

在对 3 个样本案例进行归纳分类的基础上，本节对探索性案例的分析结果进行总结并构建相应的框架。

一、投资机会识别与投资绩效

近年来，中国的资产市场发展得到了很大的提升，相应的配套机制与发展规则逐步完善，为产业投资机构的退出与发展提供了多层次机会。政府主导的地方产业投资基金迅速发展，到如今，我国建立在各地的产业投资基金大量活跃在沪深二市的中小板领域、深市中小板与创业板领域、全国中小企业股权转移体系（新 H 板系统）中，产业投资基金的发展进入了新时期。

不过，在经济高速发展时期，投融资结构的制度建设还面临很大的困难，依靠政府产业投资管理机构开展项目，资金量远远不够，需要投资企业把握恰当的项目时机识别，引导社会积极参与产业投资管理，积极参与建设，推动行业加快成长。本书在理论预设中提出投资机会识别、风险管理与企业决策机制之间有较显著的关系，案例结果也显示出这种密切的关联。从表3-2中可以发现，产业投资基金公司的投资能力、机会识别与企业的决策机制，以及市场风险管理和运营风险管理与企业的决策机制整体上呈正相关关系。因此，产业投资基金公司可以在此关系基础上，首先，抓住投资基金，撬动社会资源和资金，逐步改变政府财政直接投资企业经营的传统模式，以推动企业结构调整优化；其次，采取深思熟虑的经济政策方式，并考虑依托股市的力量，真正起到向市场分配资金的决定性意义，以期获得超额的投资绩效。

二、风险管理与投资绩效

风险管理有利于强化企业与主要合作者的关系，增加企业投资绩效的成果，提升企业的整体经营水平。由此可见，风险管理体系在风险管理与投资绩效之间存在一定的影响作用。一方面，确保引导基金的安全运营，进一步规范引导基金投资活动，就需要合理规范管理和化解资金运营风险；另一方面，对基金股权的投资要着重注意政治风险、法律风险与合规风险、经营风险、技术风险等各类主要问题。风险控制工作要全面贯穿于基金的设立、投资、退出等各环节并严格落实，风险管理部门必须对所有问题做出必要的辨识、判断和分析，落实风险管理责任。

越秀资本通过加强 ESG 风险管理体系构建，分别在投前准入、评级模型、投后监控3个板块对投资项目风险进行严格把控，大大降低了投资失败的概率，为投资绩效的提升保驾护航。九鼎投资严格筛选风险控制管理人员，并建立严格的奖惩体系及监督机制，公司建立的投资决策委员会也会对投资项目反复回顾、讨论和决策，保证已投项目的稳定发展，从而保证投资绩效不在风险管理方面受到影响。冀财基金则是建立了完整的风控体系，运用该风控体系及时发现投资项目风险管理中存在的纰漏，在高效解决问题的基础上降低来自风险管理失误造成的损失，从而维持投资绩效的稳定。

三、决策机制的中介效应

投资机会的识别和选择以及加强风险管理不仅可以直接影响企业投资绩效的提升,还可以通过决策机制间接地促进投资绩效的提升。

政府投资引导基金的建设运作离不开政府投资领域专业技术人员的储备,也离不开专职工作人员的指导与操作,因此企业需要持续吸收具有丰富经验的政府投资、技术、金融等领域高级专业人才,同时加大对企业现有人员的专业培训,也需要更加重视对员工的薪酬激励机制,这样才能确保投资引导基金的所有利益主体都能获得企业最高利益保护,从而提升投资引导基金运营质量。为此,冀财基金领先组建投资引导基金行业领导团队,由企业领导任组长,其他部门主管领导和机构主管干部为主要成员,共同牵头承担投资引导基金的整体运作管理工作。越秀资本和九鼎投资建立的决策审批制度和投资决策机构,高度保证了投资决策的专业性和科学性。两家公司对相关决策人员都有较高的限制,有助于在获取投资机会的信息后做出合理的决策判断,并能够及时发现投资项目存在的风险以及保证投后的风险管控,是对公司投资绩效强有力的保证。

综上所述,3个案例都说明了决策机制对投资绩效存在一定的影响。

四、投资环境的调节效应

良好的投资环境有利于投资行为的有序开展。投资环境会在投资机会识别与决策机制、风险管理与决策机制以及决策机制对投资绩效的影响过程中起到调节作用。

越秀资本身处的广州市是粤港澳大湾区、泛珠江三角洲经济区的中心城市及"一带一路"的枢纽城市,无论是政策支持强度、经济发展水平还是人才集中程度，都位居全国前列。广州市良好的社会环境及经济环境为越秀资本提供了源源不断的动力和更加广阔的平台，越秀资本也在这样的环境下获得了更多的投资机会，并拥有专业性强的人才进行投资项目的风险管理，从而为公司投资绩效的提升保驾护航。

九鼎投资位于江西省南昌市，南昌市是江西省的省会城市，也是江西省经济资源、人才资源最为集中的地区。近年来，南昌市不断颁布支持金融行业发展的政策，并大力引进金融人才，为九鼎投资的发展提供了强有力的支持。政策支持与人才引进叠加，共同推动九鼎投资的投资机会识别和风险管控的进步，进而提升公司的投资绩效。

冀财基金能够得到来自政府的较多支持，这表明冀财基金所处的经济环境有利于促进其发展，且冀财基金能够从市场获得所需人才，表明社会的人员素质、资源等能够满足冀财基金的投资发展要求，进而有利于公司完善自身机制，起到促进投资绩效的作用。

综上所述，3家企业的发展历程都表明了投资环境在投资过程中的重要性，说明投资环境在决策机制对投资绩效的影响过程中具有一定的影响。

本章小结

本章选择越秀资本、九鼎投资及冀财基金3家企业作为案例企业展开案例分析。首先，介绍了案例研究的方法步骤、案例选择的方法以及数据收集分析的方法；其次，对样本企业进行介绍，并对企业进行归类分析，得到企业在投资绩效、投资机会识别、风险管理、投资环境以及决策机制等方面的情况；最后，在对3个案例企业进行归类分析的基础上，继续对案例进行总结并构建相应的框架，进一步验证了上一章提出的投资机会识别与投资绩效之间的关系、风险管理与投资绩效之间的关系、决策机制的中介效应、投资环境的调节效应等假设。

第四章

实证研究的方法论

第四章　实证研究的方法论

在完成探索性研究和理论推导的基础上,本章将通过科学规范的方法对要研究的问题和获取的有关信息加以分析整理,以定性地研究不同因素间的相互作用,包括研究方法、量表设计、调查方案设计等。

第一节　研究方法

本书将采取文献研究法、问卷调查法、实地调查法、实证分析法4种方法来探讨产业基金投资机会识别、风险管理对投资绩效的影响机理。总体研究思路遵循"文献研究与背景分析(发现并提出问题,提出假设)—探索性案例研究(提出概念框架)—实证研究分析(检验假设并得出结论)"的路线展开。首先,通过系统梳理现有理论和相关文献,为研究框架的构建提供理论指引;其次,运用问卷调查法收集关于产业投资基金投资机会识别、风险管理、决策机制、投资环境、投资绩效、投资行为、资产配置及投资经验等8个变量的相关数据;最后,实证检验理论框架中设计的研究假设。

一、文献研究法

文献研究法主要指研读相关研究领域(知网、万方网等)的文献成果,通过对研究内容相关信息的收集分析,了解该领域的最新研究成果,从而全面地掌握所要研究问题的一种方法。通过深入借鉴国外的研究状况，收集检索有关产业投资基金投资机会识别、风险管理、投资决策机制以及投资业绩等的重要文献，并加以总结概括，以此形成本章的总体研究架构与理论模型，为本书的进一步研究夯实了理论基础。

二、问卷调查法

在阅读变量相关文献的基础之上，参考国内外学者关于产业投资基金投资机会识别、风险管理、决策机制、投资环境、投资绩效、投资行为、资产配置及投资经验等8个变量的测量量表，结合我国的基本国情和产业投资基金发展现状等内外部影响因素，开发出符合本研究需要的测量量表，设置符合研究情境的调查问卷，然后根据本书的具体内容进行问卷发放和处理，最后整理采集结果，为下阶段的实证检测提供参考信息支持（调查问卷见附件一）。

三、实地调查法

通过访谈我国产业投资基金公司的负责人，了解企业中投资机会识别、风险管理、决策机制、投资环境与投资绩效的关系，了解企业目前存在的问题及对策（访谈大纲见附件二）。通过调查不仅可以获取第一手数据，还可以发现问题，为后面分析问题、提出对策提供现实依据。

四、实证分析法

本书除了对样本企业的数据以问卷方式进行收集外，同时对样本企业网站上的相关数据进行了整理，使得数据来源更加多元和客观。

首先，参考企业年报及权威网站发布的企业资讯，客观地了解越秀资本、九鼎投资和冀财基金这3家代表性产业投资基金公司，并基于企业概况，在进行探索性案例研究的基础上，进一步厘清与主题相关的各要素之间的关系，形成主要变量之间的大致分析框架，为下一步通过理论推演和逻辑推理提出假设和核心理论模型奠定基础。

其次，在符合研究对象的基本条件范围内采用大样本的问卷调查方法收集研究所需要的信息，利用因子分析（变量分析）、相关性分析（变量间的相关联系）、回归分析等统计分析方法，以及SPSS 20.0软件系统对各个变量进行内部一致性检验、信度和效度检验、描述性统计分析、相关分析、多重共线性诊断等。

最后，在证实所得到的信息全部满足回归要求之后，再进行回归分析以验证假设并得出结论。

1. 描述性统计分析

描述性统计分析是指利用制表和分类，以及绘图和计算概括性资料来说明统计特点的各种活动。描述性统计分析是对有关系统的各种因素的有关资料进行的描述，一般包括有关资料的平均频数分析、集中趋势分析、离散过程分析、频数分布及其他基本的数据图形。其中，均值、中位数、众数体现了样品的聚集态势；极差、方差、标准偏差体现了样品的离散程度；偏度、峰度体现了统计的分布形式。描述性数据分析是对影响总体的多方面的有关信息进行统计的描述。

本书运用描述性统计分析的主要目的是对样本数据进行总体情况分析，包括研究对象所在公司的经济特性、区域分布、企业成立年限、企业人员规模、企业总资产等，用来分析回收的样本数据是否符合研究的要求。

2. 信度分析

信度是指对同一对象采用同样的方法进行重复测量时所得结果的一致性程度。信度指标大多用相关系数来表示，有稳定系数（跨越时间的一致性）、等值系数（跨越形式的一致性）和内外部一致性系数（跨越项目的一致性）3大类。信度分析研究的方法有重测信度法、复本信度法、折半信度法、α信度系数法4种。

本书采用CITC（修正后的项与总计相关性）值与反映内部一致性的α系数值，来检测量表的可信度。CITC值指标用来确定一个题项是不是需要做清除处理，如果修正的项与总计相关值低于0.4，则考虑对相应项进行清除处理。删除项后的α系数值指标用来判断题项是不是需要做清除处理，如果大于α系数值，则考虑将相应项目进行清除处理。α系数值一般在0~1之间，α系数越高，准确性就越好。如果总量表的α系数在0.8以上，则表示信度很高，在0.7~0.8之间，则表示再添加一个条目就能够满足；如果分数表的α系数在0.7以上，则表示信度比较高，一般在0.6~0.7之间就能够满足；如果总量表的α系数在0.8以下或者分数表的α系数在0.6以下，就说明总量表也必须进行修正。

3. 效度分析

效度又叫有效性，一个好的实证分析研究应该建立在有效性的基础上。为了使资料量表的设计效率更高，在数据量表的设计上也必须体现评价内容的要求。对效度的评价一般可以从内容效度和结果效度两种角度来衡量。由于本项目的数据量表基本都来源于国外成熟的数据量表，同时针对项目自身实际状况做了相应的修改，所以具有较好的内容效度。

本书主要采用KMO和Barlett球体检验方法，运用SPSS进行探索性因子分析（EFA）分析。其中，主要参考了Kaise、Rice（1974）提出的KMO指标判断标准来进行判断。

（1）当KMO值在0.9以上，表示非常适合进行因子分析；

（2）当KMO值在0.8~0.9之间，表示很适合进行因子分析；

（3）当KMO值在0.7~0.8之间，表示适合进行因子分析；

（4）当KMO值在0.6~0.7之间，表示不太适合进行因子分析；

（5）当 KMO 值在 0.5~0.6 之间，表示很勉强进行因子分析；

（6）当 KMO 值在 0.5 以下，表示不适合进行因子分析。

因子分析中，因子负荷值越大，收敛效度就越高。一般来说，因子负荷值处于 0.5~1 之间，效度即可接受，也就是说，因子负荷要在 0.5 以上才能满足收敛效度的要求。关于收敛效度，就是通过在量表中提取公因子的方法，用因子载荷反映公因子对量表的相关程度。

4. 相关性分析

相关性分析是一种用于研究两个或两个以上居于相同地位的变量之间的相互关联的数据分析方式，侧重于发掘变量之间的各种关联特征。利用相关性分析，能够找到两个或两个以上变量之间的相关水平。

在相关性分析中，本书主要采用 Pearson 相关系数进行判断。Pearson 相关系数处于 -1~1 之间，可以是此范围内的任何值，相关系数绝对值越接近 1，表示两个变量的关联程度越强，相关系数的绝对值越接近 0，表示两个变量的关联程度越弱。当相关系数大于 0 时，表示两个变量之间是正相关关系，此时一个变量随另一个变量的增加而增加；当相关系数小于 0 时，表示两个变量之间是负相关关系，此时一个变量随另一个变量的增加而减少。

5. 多元回归分析

多元回归分析是指在所有相关变量中选定某一个变量为因变量后，则自动将其他的一个或者多个变量确定为自变量，在此基础上构建出能代表两种变量关系的数学方程式，并代入样本数据进行分析，从而确定两种变量之间关系的一种分析方法。

本章通过引入多元回归分析方法，对自变量与中介变量对因变量的影响程度进行研究，并利用回归结果判断出各种自变量与因变量对目标变量所造成的影响，据此判断各种不同的自变量与因变量之间的相互影响度。此外，还可以通过比较两个回归模型之间的解释贡献率是否增加或减少，来判断模型的拟合程度。如果一个回归模型的解释贡献值增加，则表示该模型的拟合效果更好。

第二节 量表设计

为了将研究变量进行量化,并且克服数据获取的困难,本书对投资机会识别、风险管理、投资环境、决策机制、投资绩效、投资行为、资产配置和投资经验 8 个变量进行量表开发,通过问卷调查的方法获取相关分析数据,并进行实证分析。测量使用李克特 5 级量表,该量表由一组陈述组成,每一陈述有非常不赞成、比较不赞成、一般、比较赞成、非常赞成 5 种回答,分别记 1、2、3、4、5 分,每个被调查者的总分就是他对各道题的回答所得分数的加总。

一、投资绩效问卷量表设计

根据现有文献以及相关的投资绩效理论论述,本书认为投资绩效指的是产业投资基金退出被投企业时,可变现的价值增值程度。

目前,多数研究者通过直接测度法和间接测度法对投资绩效加以衡量,如胡刘芬、沈维涛(2014)利用账面回报倍数和账面内部收益率对投入资本项目的实际利润状况加以衡量;罗吉等(2016)认为,从国内外风险投资的实践和理论研究来看,IPO(首次公开发行)和并购是风险投资收益最高的两类成功退出方法,所以可以通过机构 IPO 或并购的退出比率来衡量投资绩效。但考虑到产业投资基金内在诸如净利润、投资回报率等关键数据的非公开性,因此本书引入了间接测量法,利用机构的成功退出比率来衡量其投资管理业绩,借鉴 Makino(2000)的做法并结合实际做了改动,将投资绩效分成财务绩效和社会效益两个维度。

本书采用李克特 5 级量表的形式，即针对投资绩效变量的问题描述从 1 到 5 进行评分，其中 1 代表非常不赞同、2 代表比较不赞同、3 代表一般、4 代表比较赞同、5 代表非常赞同。投资绩效的具体测量题项，如表 4-1 所示。

表 4-1 投资绩效量表测量题项

变量	维度	编号	测量题项	量表来源
投资绩效（TZJX）	财务绩效（JJ）	JJ1	公司的投资回报率高于行业平均水平	Makino（2000）
		JJ2	公司的盈利增长水平较高	
		JJ3	公司的经营效率高于行业平均水平	
	社会效益（HJ）	HJ1	公司能有效地促进国民经济增长	
		HJ2	公司能促进国家扶持产业的发展	
		HJ3	公司能有效地促进基础设施建设	

二、投资机会识别和风险管理问卷量表设计

由第二章关于投资机会识别和风险管理的文献研究可知，本书的投资机会识别是指产业投资基金公司所面临的对外投资机会识别问题，是基金公司的管理人员在错综复杂的投资环境中依靠企业的决断力进行抉择，并以投资项目净现值为基础，谋求公司价值增长与投资绩效最优化的一项投资选择权。产业投资基金的风险管理指的是通过风险识别、评价与控制等多个步骤，以减少产业投资基金在运作过程中的组织风险、技术风险、战略风险等对投资绩效产生的负面影响。

关于投资机会识别维度的界定问题，从 20 世纪 90 年代初，很多研究人员就开始研究可以说明公司投资机会识别的指数（因为投资者作为外人通常

很难了解企业的投资机会识别情况），研究方法主要用在基于价值的指数上，如 MBA/BMA、MBE/BME、Tobin、VPPE/PPEV 和 PE/EP。BMA、BME、PPEV 和 EP 都是可以反映公司投资机会识别的逆指数，因此指数越大，公司投资机会识别就越小。于是，研究人员干脆反向将这个指数变成了 MBA、MBE、VPPE 和 PE。调查结果表明，MBA、MBE 和 Tobin 是描述投资机会识别效果较好的量化指数，但由于我国产业投资基金（变量）是对未上市的企业进行的投资，获取财务数据较难，因此，本书借鉴徐研、刘迪（2020）的做法，选择使用投资能力、机会识别这两个维度来衡量投资机会识别。对于风险管理维度的划分，本书则借鉴赵杨、吕文栋（2011）的研究，从风险管理的两个角度——市场风险管理和运营风险管理对其进行划分。

本书采用李克特 5 级量表的形式，即针对投资机会识别和风险管理两个自变量的问题描述从 1 到 5 进行评分，其中 1 代表非常不赞同、2 代表比较不赞同、3 代表一般、4 代表比较赞同、5 代表非常赞同。投资机会识别和风险管理的具体测量题项，如表 4-2 所示。

表 4-2　投资机会识别和风险管理量表测量题项

变量	维度	编号	测量题目	量表来源
投资机会识别（TZJH）	投资能力（TZ）	TZ1	公司具有比较雄厚的资金	徐研、刘迪（2020）
		TZ2	公司具有比较成熟的投资体系	
		TZ3	公司的投资经验比较丰富	
		TZ4	公司拥有较多投资方面的人才	
	机会识别（GZ）	GZ1	公司经常寻求特定领域内的优质企业	
		GZ2	公司经常关注政府、大型产业集团和上市公司的资讯	
		GZ3	公司拥有较强的市场灵敏度	
		GZ4	公司善于发掘新的投资机会识别	

续表

变量	维度	编号	测量题目	量表来源
风险管理（FXGL）	市场风险管理（GC）	GC1	公司有非常系统全面的风险识别过程	赵杨、吕文栋（2011）
		GC2	公司能采用科学的定量方法进行风险评估	
		GC3	公司能根据内外部环境变化做出风险应对	
		GC4	公司设置了科学的风险管理制度	
	运营风险管理（NL）	NL1	公司具有较强的组织运营风险管理能力	
		NL2	公司具有较强的技术运营风险管理能力	
		NL3	公司具有较强的市场运营风险管理能力	
		NL4	公司具有较强的外部环境运营风险管理能力	
		NL5	公司具有较强的政策运营风险管理能力	

三、决策机制问卷量表设计

通过对现有文献以及投资决策机制相关分析结果的进一步阐述，本书认为投资决策机制是企业为了合理提高投资绩效而设计的一种机制，其关键在于企业通过采用一定的管理方法，并通过特定的途径，适当运用投资执行权，从而形成合理、正确和有效的投资决策制定过程和相互制衡体系，以便协调企业内部和外界各种利益相关者之间的利益关系，使企业投资变得更为科学合理，也是提高公司投资回报率的一种方法。

由第二章决策机制的影响因素研究可知，影响投资决策的因素主要是企业内部的规章制度、会计政策、资产状况、人员构成和财务状况，以及决策者本身、基金性质、人际环境、投资能力等。本书借鉴惠龙、覃正、张烨霞（2004）和桑玉成、张彦青（2018）的做法，将决策机制分成组织结构和议事制度两个维度。

本书采用李克特 5 级量表的形式，即针对决策机制变量的问题描述从 1 到 5 进行评分，其中 1 代表非常不赞同、2 代表比较不赞同、3 代表一般、4 代表比较赞同、5 代表非常赞同。决策机制的具体测量题项，如表 4-3 所示。

表 4-3 决策机制量表测量题项

变量	维度	编号	测量题目	量表来源
决策机制（JCJZ）	组织结构（QY）	QY1	公司的风险意识较强	惠龙、覃正、张烨霞（2004）；桑玉成、张彦青（2018）
		QY2	公司的管理水平较高	
		QY3	公司的内部决策控制水平较强	
	议事制度（XM）	XM1	投资对象的融资意愿较强	
		XM2	投资对象的市场表现较好	
		XM3	投资对象的风险量值较低	
		XM4	投资对象的成本与收益比较低	
		XM5	对投资对象所在的行业领域较为熟悉	

四、投资环境问卷量表设计

从现有文献以及投资环境相关研究来看，本书认为投资环境是影响投资行为的重要因素。

从第二章投资环境的影响因素来看，目前学界认为投资环境的影响因素包括市场环境因素、政策因素、劳动效率因素、内外部环境因素、政治环境因素、经济环境因素、基础设施因素等，基于不同的研究，学者们纷纷提出了关于投资环境的影响因素的不同看法，并且构建了不同的指标评价体系。本书借鉴刘海飞、许金涛（2017）的研究，将投资环境分为社会环境和经济环境两个维度。

本书采用李克特 5 级量表的形式，即针对投资环境变量的问题描述从 1 到 5 进行评分，其中 1 代表非常不赞同、2 代表比较不赞同、3 代表一般、4 代表比较赞同、5 代表非常赞同。投资环境的具体测量题项，如表 4-4 所示。

表 4-4　投资环境量表测量题项

变量	维度	编号	测量题目	量表来源
投资环境（TZHJ）	社会环境（SE）	SE1	公司所处地域人口受教育水平较高	刘海飞、许金涛（2017）
		SE2	公司所处地域科技水平较发达	
		SE3	公司所处地域重视创新能力的发展	
		SE4	公司所处地域批准专利较多	
	经济环境（EE）	EE1	公司所处地域发展增长性强	
		EE2	公司所处地域生活水平较好	
		EE3	公司所处地域具备较好的经济基础	
		EE4	公司所处地域涉外经济发展良好	
		EE5	公司所处地域产业发展水平较好	

五、控制变量

本书将投资行为、资产配置以及投资经验 3 个变量作为控制变量。

通过第二章的文献梳理，可以发现投资行为、资产配置以及投资经验是投资绩效的重要影响因素。从相关研究来看，投资行为对公司稳定性、投资绩效等均会产生一定的影响；资产配置更是影响着投资收益的多少，进而影响投资绩效；投资经验是投资者进行投资行为的重要依据，因而也会对投资绩效产生影响。

本书采用李克特 5 级量表的形式，即针对投资行为、资产配置以及投资经验变量的问题描述从 1 到 5 进行评分，其中 1 代表非常不赞同、2 代表比较不赞同、3代表一般、4代表比较赞同、5代表非常赞同。投资行为、资产配置以及投资经验的具体测量题项，如表4-5所示。

表4-5 投资行为、资产配置、投资经验量表测量题项

变量	编号	测量题目	量表来源
投资行为（IB）	IB1	高昂的投资情绪会使公司投资人增加投资	郑玲、周晓雯（2019）
	IB2	厌恶心理会使管理层过度投资	
	IB3	公司投资人会模仿过去的投资行为	
	IB4	公司投资人是风险偏好者	
	IB5	羊群效应会对公司投资人产生一定影响	
资产配置（AA）	AA1	有闲置资金时企业选择购买金融资产	宋加山、涂瀚匀、赵锐铿（2024）
	AA2	公司投资人建立了多种投资组合方案	
	AA3	公司投资人更重视实体投资	
	AA4	公司拥有完整的资产配置框架	
	AA5	公司投资人有强大的投资组合管理能力	
投资经验（IE）	IE1	公司投资人普遍具有较长的投资年限	张腾文、鲁万波、张涵宇（2017）
	IE2	公司具有较为成熟的投资流程	
	IE3	公司的投资项目普遍能够获得较好的收益	
	IE4	公司内部交流通畅，经验共享	
	IE5	公司能够及时识别投资机会	

第三节 调查方案设计

本节主要介绍调查方案设计的过程,包括确定调查对象及目的、确定抽样方法及样本容量、问卷设计以及问卷的发放和回收。

一、确定调查对象及目的

为了确保实证研究结论的准确性,本书问卷在发放对象的选择、企业分布区域的选择、问卷发放渠道的选择等方面都严格遵循客观、均衡、多样的原则,以最大限度地降低产生误差的干扰因素,提高获取数据的质量。

本书研究的是我国产业投资基金风险管理和投资绩效的关系,因此,在问卷发放区域方面,面向全国各地区的产业投资基金公司,收集了来自全国各地的问卷数据,从而降低经济条件发展差异对数据统计分析结果的影响。问卷发放对象主要是产业投资基金公司的中高层管理者,对中层管理者的职位要求是来自公司的风险管理部门或企业战略管理者和公司负责财务的管理者,确保问卷的回答者对企业有比较全面和深刻的认识。

调查目的是了解相关变量的基本情况和数据。一是从产业投资基金员工视角,了解变量投资机会识别、风险管理对投资绩效的影响的基本情况并收集相关数据;二是从产业投资基金员工视角,了解变量投资机会识别、风险管理对决策机制的影响的基本情况并收集相关数据;三是从产业投资基金员工视角,了解变量决策机制对投资绩效的影响的基本情况并收集相关数据;四是从产业投资基金员工视角,了解决策机制在投资机会识别对投资绩效影响过程中所起作用的基本情况并收集相关数据；五是从产业投资基金员工视角，了解决策机制在风险管理对投资绩效影响过程中所起作用的基本情况并收集相关数据；六是了解变量投资环境在决策机制对投资绩效影响过程中所起作用的基本情况并收集相关数据；七是了解企业性质、企业所在省份、经营年限、企业员工人数、企业总资产等5项产业投资基金的基本情况并收集相关数据。

二、确定抽样方法及样本容量

第一，抽样方法的确定。考虑到人力、时间和经费等限制条件，本书问卷采用分层抽样的方法，即根据产业投资基金公司核心层、高层和中层的比例情况，中高层按"总公司或母公司董事会成员：总公司或母公司经理班子成员：分公司或子公司经理班子成员 =1：3：6"的比例进行抽样分层。

第二，样本容量的确定。本书采用公式 $n=N/(1+Ne^2)$，$N=75042$，为总体数量，$e=0.05$，为可接受误差值，得样本容量 $n=397.88$。为有效估计总体特征，样本容量 $n \geq 398$。

三、问卷设计

为了保证数据的信度和效度，首先通过查阅相关文献，界定相关变量，随后参照其他学者对相关议题在变量界定、测量维度、问题设计等方面的成果，结合本研究对象和研究课题的特征，对相关文献中的问卷和量表进行适当微调，设计出研究变量的测量维度及相关题项。在完成变量测量维度及相关题项的设计之后，与专家学者咨询沟通，进一步修改问卷，确保题项具有较高的信度和效度。

除了产业投资基金的基本信息之外，问卷中的大多数题项均采用李克特

5级量表进行测度,同时,针对Fowler(2008)所指出的造成数据结构出现偏差的四大原因,采取了以下解决方法。

(1)由于问卷的内容涉及一些企业比较敏感的问题,答卷人不愿明确答复。针对这种情况,会充分告知答卷人关于资料处理过程的保密措施与用途等,并签署参与研究同意书,作为双方共同合作与遵守的约定。

(2)答卷人限制在企业中高层岗位,对产业投资基金较为全面了解的管理人员。这样可以有效避免因不了解企业相关信息而做出主观回答所产生的偏差。

(3)所收集的信息和数据尽量来自最近3年,以避免由于答卷人发生记忆偏差而导致的信息失真。

(4)为避免问题可能产生歧义而导致答卷人答非所问的偏差,在预测试过程中尽量将这些问题进行调整和备注说明,以最大限度地减少歧义。

(5)为避免同源误差,特别把问卷分成了彼此隔离的3个部分。企业基本情况为第一部分;投资机会识别(自变量)、风险管理(自变量)、决策机制(中介变量)、投资环境(调节变量)为第二部分;投资行为(控制变量)、资产配置(控制变量)、投资经验(控制变量)和投资绩效(因变量)为第三部分。第一和第二部分由企业具体负责各项业务的部门经理填写,第三部分由企业高层管理人员(财务主管)填写,这样可以降低同一个人填写问卷时由于个人倾向和偏差导致的同源误差。

四、问卷的发放和回收

问卷的发放和回收渠道主要有3个,一是笔者走访、二是问卷星、三是微信。本次调查研究主要采取网络发放问卷的方式,利用问卷星来收集问卷,直接将网址发给符合条件的产业投资基金公司,填写者通过微信直接在网上进行问卷填写,提交后问卷结果会直接保存在服务器中。但由于问卷的内容比较专业，收集的问卷完整性和有效性十分有限。在测试问卷设计中，首先要防止问卷设计的隐私问题，要保证涉及的信息只能用作学术研究而不能用作商业用途，同时承诺采用不记名的方式回收数据。

借鉴 Shiau W L 等（2020）的方法检验样本的无回应偏差，结果显示，未经催收的样本回复问卷，与催收样本的回复问卷不存在显著性的差异，因此，样本不存在无回应偏差。本次调查共发放 720 份问卷，回收 678 份，有效问卷 613 份，回收率为 94.17%，有效率为 90.41%，如表 4-6 所示。

表 4-6 问卷发放及回收情况

发放方式	发放问卷数	回收问卷数	有效问卷数	回收率	有效率
笔者走访	50	50	50	100%	100%
问卷星	180	167	158	92.78%	94.61%
微信	490	461	405	94.08%	87.85%
合计	720	678	613	94.17%	90.41%

本章小结

本章主要介绍了本书的研究方法、量表设计及调查方案设计。

第一，介绍本书的研究方法——文献研究法、问卷调查法、实证调查法以及实证分析法。其中，实证分析法具体包括描述性统计分析、信度效度检验、相关性分析、层次回归分析和结构方程模型。

第二，设计本书调查问卷和测度变量。在对调查问卷的测量题项进行设计时，主要借鉴国内外已经成熟的量表，并根据实际需要，对量表进行适当的修改，以符合研究需要，共设计了 55 个题项。其中，因变量投资绩效从财务绩效、社会效益两个维度出发，采用 6 个题项来进行测量；自变量投资机会识别从投资能力、机会识别两个维度出发，采用8个题项进行测量；自变量风险管理从市场风险管理、运营风险管理两个维度出发，采用9个题项进行测量；中介变量决策机制从组织结构、议事制度两个维度出发，采用8个题项进行测量；调节变量投资环境从社会环境、经济环境两个维度出发，采用9个题项进行测量；控制变量投资行为、资产配置、投资经验分别采用了5个题项进行测量。

第三，介绍调查方案设计的过程，包括确定调查对象及目的、确定抽样方法及样本容量、问卷设计以及问卷的发放回收。

第五章

实证研究

第五章 实证研究

本章首先对样本数据进行充分性、信度、效度以及多重共线性诊断,在确保数据符合进一步因子分析的条件下,基于大样本数据,运用多元线性回归分析的统计学方法对提出的方法进行检验,并对得到的检验结果展开进一步的分析和归纳。

第一节 样本基本情况描述

本次调查问卷发放对象为我国产业投资基金公司的中高层管理者,研究人员主要在征得问卷发放对象同意的前提下发送网址进行问卷调查。问卷内容包括企业性质、所在地区、经营年限、员工人数及企业总资产等基本信息。

第一,从企业性质来看,在调查的样本中,所属企业为国有企业的有130人,占比21.21%;所属企业为中外合资企业的有209人,占比34.09%;所属企业为民营企业的有166人,占比27.08%;所属其他类企业的有108人,占比17.62%,如表5-1所示。

表 5-1 问卷调查企业性质

企业性质	小计	百分比
国有企业	130	21.21%
中外合资企业	209	34.09%
民营企业	166	27.08%
其他	108	17.62%
合计	613	100%

第二，从企业所在地区来看，本次调查问卷覆盖范围涉及全国各地大部分产业投资基金公司，调查研究对象人数最多的省份是北京、广东、上海、浙江、江苏、山东、湖北，合计占比 89.23%，这些地区都是我国产业投资基金比较发达的地区，如图 5-1 所示。

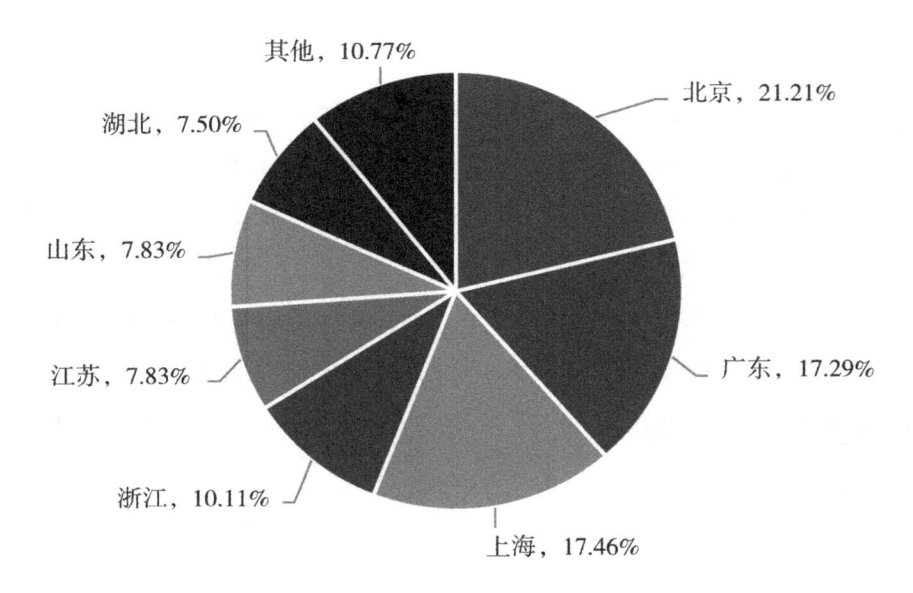

图 5-1 调查对象来源省份

北京，21.21%
广东，17.29%
上海，17.46%
浙江，10.11%
江苏，7.83%
山东，7.83%
湖北，7.50%
其他，10.77%

第三，从企业经营年限来看，在调查样本中，有110人任职时企业的经营年限为1~5年，占比17.95%；有176人任职时企业的经营年限为5~10年，占比28.71%；有150人任职时企业的经营年限为10~15年之间，占比24.47%；有77人任职时企业的经营年限为15~20年，占比12.56%；有100人任职时企业的经营年限为20年以上，占比16.31%，如图5-2所示。

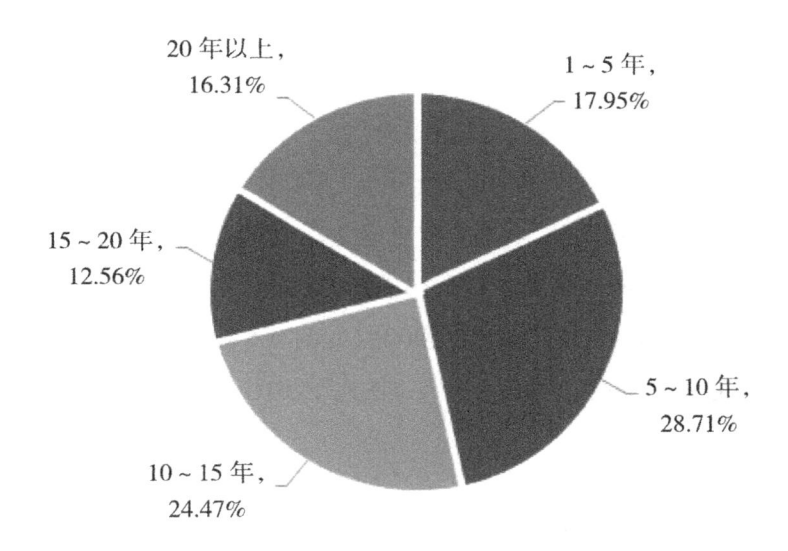

图5-2 受访者企业经营年限

第四，从员工人数来看，在调查的样本中，18.76%的受访对象所属企业员工人数在500人以下；28.71%的受访对象所属企业员工人数在501~1000人之间；23.00%的受访对象所属企业员工人数在1001~5000人之间；13.87%的受访对象所属企业员工人数在5001~10000人之间；15.66%的受访对象所属企业员工人数在10001人以上。总的来说，84.34%的受访对象所在企业的员工规模在10000人以内，如表5-2所示。

表 5-2 受访企业员工规模

受访企业员工规模	小计	百分比
500 人以下	115	18.76%
501~1000 人	176	28.71%
1001~5000 人	141	23.00%
5001~10000 人	85	13.87%
10001 人以上	96	15.66%
总计	613	100%

第五，从企业总资产来看，在样本中，所属企业总资产在 1000 万元以下的有 129 人，占比 21.05%；所属企业总资产在 1000 万~1 亿元之间的有 237 人，占比 38.66%；所属企业总资产在 1 亿~100 亿元之间的有 71 人，占比 11.58%；所属企业总资产在 100 亿~500 亿元的有 84 人，占比 13.70%；所属企业总资产在 500 亿元以上的有 92 人，占比 15.01%，如图 5-3 所示。

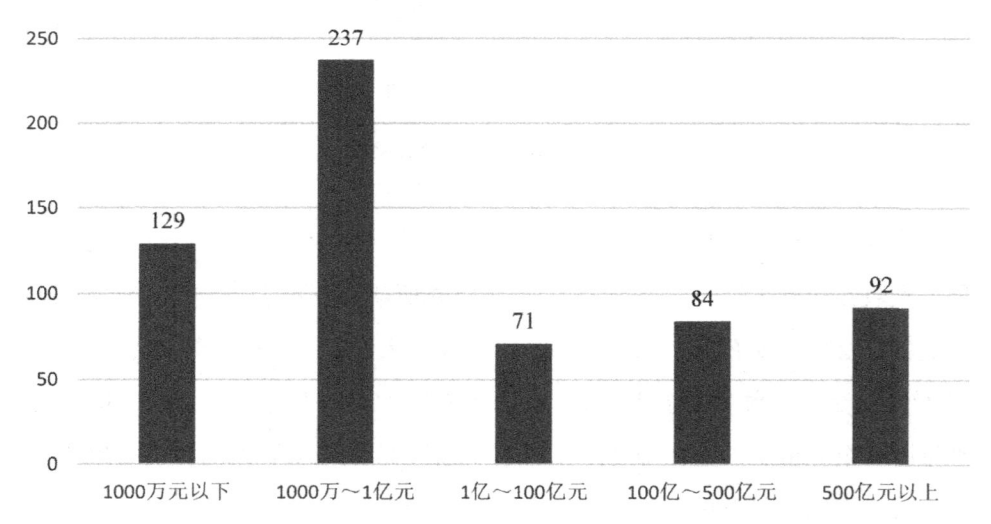

图 5-3 受访者所属企业总资产

第二节 变量描述性统计分析

根据产业投资基金公司受访者的613份有效调查问卷的样本数据，投资机会识别、风险管理、决策机制、投资环境、投资绩效、投资行为、资产配置及投资经验8个变量的描述性统计如表5-3所示。

表5-3 变量描述性统计

变量	维度	编号	平均值 统计	方差 统计	偏度 统计	偏度 标准误差	峰度 统计	峰度 标准误差
投资机会识别（TZJH）	投资能力（TZ）	TZ1	3.370	1.732	−0.416	0.099	−0.884	0.197
		TZ2	3.140	1.047	−0.333	0.099	−0.463	0.197
		TZ3	3.110	1.106	−0.326	0.099	−0.484	0.197
		TZ4	3.160	1.002	−0.337	0.099	−0.221	0.197
	机会识别（GZ）	GZ1	3.110	0.979	−0.176	0.099	−0.419	0.197
		GZ2	3.150	1.028	−0.383	0.099	−0.340	0.197
		GZ3	3.150	1.025	−0.481	0.099	−0.385	0.197
		GZ4	3.140	0.995	−0.357	0.099	−0.316	0.197

续表

变量	维度	编号	平均值 统计	方差 统计	偏度 统计	偏度 标准误差	峰度 统计	峰度 标准误差
风险管理（FXGL）	市场风险管理（GC）	GC1	3.350	1.720	−0.348	0.099	−0.991	0.197
		GC2	3.080	1.044	−0.389	0.099	−0.390	0.197
		GC3	3.100	1.146	−0.337	0.099	−0.482	0.197
		GC4	3.090	1.064	−0.273	0.099	−0.502	0.197
	运营风险管理（NL）	NL1	3.170	1.053	−0.264	0.099	−0.451	0.197
		NL2	3.120	1.127	−0.394	0.099	−0.509	0.197
		NL3	3.140	1.122	−0.408	0.099	−0.415	0.197
		NL4	3.120	1.071	−0.405	0.099	−0.417	0.197
		NL5	3.070	1.105	−0.327	0.099	−0.640	0.197
决策机制（JCJZ）	组织结构（QY）	QY1	3.430	1.745	−0.417	0.099	−0.914	0.197
		QY2	3.120	0.940	−0.308	0.099	−0.473	0.197
		QY3	3.200	1.037	−0.399	0.099	−0.300	0.197
	议事制度（XM）	XM1	3.140	1.077	−0.385	0.099	−0.426	0.197
		XM2	3.160	1.115	−0.314	0.099	−0.523	0.197
		XM3	3.150	1.079	−0.375	0.099	−0.352	0.197
		XM4	3.220	1.094	−0.398	0.099	−0.295	0.197
		XM5	3.160	1.057	−0.273	0.099	−0.419	0.197

续表

变量	维度	编号	平均值 统计	方差 统计	偏度 统计	偏度 标准误差	峰度 统计	峰度 标准误差
投资环境（TZHJ）	社会环境（SE）	SE1	3.380	1.617	−0.362	0.099	−0.873	0.197
		SE2	3.210	1.001	−0.365	0.099	−0.379	0.197
		SE3	3.170	0.998	−0.299	0.099	−0.434	0.197
		SE4	3.140	0.960	−0.270	0.099	−0.450	0.197
	经济环境（EE）	EE1	3.120	1.109	−0.300	0.099	−0.519	0.197
		EE2	3.110	1.035	−0.323	0.099	−0.426	0.197
		EE3	3.150	1.019	−0.320	0.099	−0.362	0.197
		EE4	3.150	1.040	−0.304	0.099	−0.398	0.197
		EE5	3.110	1.008	−0.334	0.099	−0.407	0.197
投资绩效（TZJX）	财务绩效（JJ）	JJ1	4.197	0.737	−0.904	0.099	0.435	0.197
		JJ2	4.075	0.887	−0.810	0.099	0.066	0.197
		JJ3	4.186	0.750	−0.884	0.099	0.357	0.197
	社会效益（HJ）	HJ1	4.227	0.659	−0.731	0.099	−0.292	0.197
		HJ2	4.111	0.821	−0.749	0.099	−0.195	0.197
		HJ3	4.176	0.770	−0.875	0.099	0.283	0.197
投资行为（IB）		IB1	4.011	0.838	−0.766	0.099	0.427	0.197
		IB2	4.026	0.869	−0.793	0.099	0.307	0.197
		IB3	3.992	0.868	−0.653	0.099	−0.006	0.197
		IB4	3.994	0.899	−0.980	0.099	0.073	0.197
		IB5	3.915	0.950	−0.827	0.099	0.614	0.197

续表

变量	维度	编号	平均值 统计	方差 统计	偏度 统计	偏度 标准误差	峰度 统计	峰度 标准误差
资产配置（AA）	AA1	3.897	0.864	−0.542	0.099	−0.102	0.197
	AA2	3.923	0.839	−0.398	0.099	−0.544	0.197
	AA3	3.878	0.925	−0.572	0.099	−0.026	0.197
	AA4	3.915	0.774	−0.340	0.099	−0.464	0.197
	AA5	3.910	0.791	−0.341	0.099	−0.501	0.197
投资经验（IE）	IE1	4.078	0.857	−0.938	0.099	0.688	0.197
	IE2	4.067	0.886	−0.723	0.099	−0.028	0.197
	IE3	4.046	0.808	−0.767	0.099	0.379	0.197
	IE4	3.985	0.907	−0.677	0.099	0.079	0.197
	IE5	4.087	0.847	−0.879	0.099	0.619	0.197

从表5-3中的数据来看，投资机会识别、风险管理、决策机制、投资环境、投资绩效、投资行为、资产配置及投资经验的均值均大于3且方差较小，数据为负偏态，分布较为平坦，说明产业投资基金企业投资绩效良好，中高层能够较好地识别投资机会，进行风险管理，决策机制运行良好，企业的投资环境较好，这与产业投资基金企业的实际运行状况相吻合。

第三节 量表信效度检验

一、信度检验

本书参照前文对量表信效度检验的方法和步骤开展正式量表的信度检验，以确保实证分析数据的可靠性和有效性。信度反映检测结果的内部一致性和稳定性，信度分析是一种度量综合评价体系稳定性和可靠性的有效分析方法。本书的信度分析主要是对量表的内部一致性系数进行检验。最常用的内在信度系数为 α 系数。一般来说，α 系数在 0.7 以上，即认为量表具有较高的内在一致性，为理想水平；如果 α 系数为 0.5，即代表可接受信度较低；α 系数为 0.35，即为低信度水平。

本书采用 α 系数检验产业投资基金相关数据的信度，如表 5-4 所示。

表 5-4 信度检验

变量	维度	编号	修正后的项与总计相关性	删除项后的 α 系数	α 系数
投资机会识别（TZJH）	投资能力（TZ）	TZ1	0.859	0.809	0.884
		TZ2	0.726	0.860	
		TZ3	0.722	0.861	
		TZ4	0.714	0.864	

续表

变量	维度	编号	修正后的项与总计相关性	删除项后的 α 系数	α 系数
投资机会识别（TZJH）	机会识别（GZ）	GZ1	0.655	0.798	0.836
		GZ2	0.668	0.792	
		GZ3	0.672	0.791	
		GZ4	0.672	0.790	
风险管理（FXGL）	市场风险管理（GC）	GC1	0.854	0.809	0.883
		GC2	0.714	0.863	
		GC3	0.747	0.850	
		GC4	0.697	0.869	
	运营风险管理（NL）	NL1	0.686	0.856	0.877
		NL2	0.680	0.857	
		NL3	0.728	0.846	
		NL4	0.716	0.849	
		NL5	0.726	0.846	
决策机制（JCJZ）	组织结构（QY）	QY1	0.810	0.738	0.856
		QY2	0.715	0.820	
		QY3	0.711	0.817	
	议事制度（XM）	XM1	0.710	0.839	0.870
		XM2	0.714	0.838	
		XM3	0.676	0.847	
		XM4	0.691	0.844	
		XM5	0.682	0.846	

续表

变量	维度	编号	修正后的项与总计相关性	删除项后的α系数	α系数
投资环境（TZHJ）	社会环境（SE）	SE1	0.847	0.812	0.883
		SE2	0.732	0.855	
		SE3	0.706	0.864	
		SE4	0.725	0.858	
	经济环境（EE）	EE1	0.724	0.845	0.876
		EE2	0.693	0.852	
		EE3	0.701	0.850	
		EE4	0.705	0.849	
		EE5	0.702	0.850	
投资绩效（TZJX）	财务绩效（JJ）	JJ1	0.838	0.896	0.924
		JJ2	0.842	0.895	
		JJ3	0.859	0.879	
	社会效益（HJ）	HJ1	0.801	0.849	0.896
		HJ2	0.776	0.870	
		HJ3	0.812	0.836	
投资行为（IB）		IB1	0.829	0.949	0.953
		IB2	0.865	0.943	
		IB3	0.917	0.934	
		IB4	0.891	0.939	
		IB5	0.852	0.946	

续表

变量	维度	编号	修正后的项与总计相关性	删除项后的 α 系数	α 系数
资产配置 (AA)	AA1	0.863	0.938	0.950
	AA2	0.850	0.940	
	AA3	0.843	0.942	
	AA4	0.868	0.937	
	AA5	0.888	0.934	
投资经验 (IE)	IE1	0.899	0.955	0.964
	IE2	0.912	0.953	
	IE3	0.918	0.952	
	IE4	0.856	0.962	
	IE5	0.904	0.954	

从表 5-4 中的数据来看，变量投资机会识别、风险管理、决策机制、投资环境、投资绩效、投资行为、资产配置及投资经验的 α 系数均大于 0.8，删除项后的 α 系数均小于整体的 α 系数，修正后的项与总计相关性的相关系数均大于 0.7，这说明：①产业投资基金量表的题项和调查问卷的调查项目相关程度很高；②变量维度与问卷题项的一致性和稳定性很高，即调查问卷数据质量非常好；③题项的区分性非常好。检验结果表明，本次调查问卷的信度检验结果较好，利用本次调查数据进行实证分析，其实证结果在统计意义上可信度很高。

二、KMO 值和 Bartlett 球形检验

本书运用 KMO 值和 Bartlett 球形检验方法，对投资机会识别、风险管理、

决策机制、投资环境、投资绩效、投资行为、资产配置及投资经验进行效度检验，如表 5-5 所示。

表 5-5 KMO 值和 Bartlett 球形检验结果

变量	KMO 值	Bartlett 球形检验	
		近似卡方	p 值
投资机会识别	0.946	3260.979	0.000
风险管理	0.954	3940.534	0.000
决策机制	0.943	3265.815	0.000
投资环境	0.954	3881.993	0.000
投资绩效	0.931	5702.940	0.000
投资行为	0.957	3264.000	0.000
资产配置	0.927	4011.807	0.000
投资经验	0.901	3762.199	0.000
总量表	0.986	33739.856	0.000

从表 5-5 中的数据来看，投资机会识别、风险管理、决策机制、投资环境、投资绩效、投资行为、资产配置及投资经验的 KMO 度量值分别为 0.946、0.954、0.943、0.954、0.931、0.957、0.927、0.901，均大于 0.9，说明投资机会识别、风险管理、决策机制、投资环境、投资绩效、投资行为、资产配置及投资经验这 8 个变量的量表非常适合进行因子分析。Bartlett 球形检验结果显示，p 值均为 0.000，小于 0.01，通过了显著水平为 1% 的显著性检验，也反映了该量表效度较优。

137

三、探索性因子分析

利用探索性因子分析模型，可以将调查问卷的众多题项归纳总结为少数几个因子，并通过因子载荷将调查问卷的题项和不可度量的未知因子联系起来，根据因子载荷的大小，探寻未知且不可度量因子的实际意义。

第一，方差解释率分析，如表5-6所示。

表5-6 方差解释率分析

编号	初始特征值			旋转前方差解释率			旋转后方差解释率		
	特征根	方差解释率%	累积%	特征根	方差解释率%	累积%	特征根	方差解释率%	累积%
TZ1	11.650	21.182	21.182	11.650	21.182	21.182	6.047	10.995	10.995
TZ2	10.106	18.374	39.556	10.106	18.374	39.556	6.003	10.914	21.910
TZ3	4.040	7.346	46.902	4.040	7.346	46.902	5.330	9.691	31.601
TZ4	3.951	7.184	54.086	3.951	7.184	54.086	5.302	9.640	41.241
GZ1	3.516	6.393	60.479	3.516	6.393	60.479	5.240	9.527	50.769
GZ2	3.350	6.090	66.569	3.350	6.090	66.569	4.251	7.729	58.498
GZ3	2.203	4.005	70.574	2.203	4.005	70.574	4.240	7.709	66.206
GZ4	1.758	3.196	73.770	1.758	3.196	73.770	4.160	7.563	73.770
GC1	0.630	1.145	74.914	—	—	—	—	—	—
GC2	0.583	1.060	75.975	—	—	—	—	—	—
GC3	0.570	1.037	77.012	—	—	—	—	—	—
GC4	0.543	0.988	78.000	—	—	—	—	—	—
NL1	0.532	0.968	78.968	—	—	—	—	—	—

续表

编号	初始特征值			旋转前方差解释率			旋转后方差解释率		
	特征根	方差解释率%	累积%	特征根	方差解释率%	累积%	特征根	方差解释率%	累积%
NL2	0.520	0.946	79.914	–	–	–	–	–	–
NL3	0.498	0.905	80.819	–	–	–	–	–	–
NL4	0.488	0.888	81.706	–	–	–	–	–	–
NL5	0.480	0.873	82.579	–	–	–	–	–	–
QY1	0.478	0.869	83.448	–	–	–	–	–	–
QY2	0.461	0.838	84.286	–	–	–	–	–	–
QY3	0.457	0.832	85.118	–	–	–	–	–	–
XM1	0.444	0.807	85.924	–	–	–	–	–	–
XM2	0.429	0.779	86.703	–	–	–	–	–	–
XM3	0.424	0.772	87.475	–	–	–	–	–	–
XM4	0.410	0.745	88.220	–	–	–	–	–	–
XM5	0.397	0.721	88.941	–	–	–	–	–	–
SE1	0.386	0.702	89.643	–	–	–	–	–	–
SE2	0.376	0.683	90.326	–	–	–	–	–	–
SE3	0.369	0.671	90.997	–	–	–	–	–	–
SE4	0.357	0.648	91.646	–	–	–	–	–	–
EE1	0.346	0.629	92.274	–	–	–	–	–	–
EE2	0.337	0.612	92.887	–	–	–	–	–	–
EE3	0.324	0.589	93.476	–	–	–	–	–	–
EE4	0.313	0.569	94.045	–	–	–	–	–	–
EE5	0.304	0.553	94.598	–	–	–	–	–	–

续表

编号	初始特征值 特征根	初始特征值 方差解释率%	初始特征值 累积%	旋转前方差解释率 特征根	旋转前方差解释率 方差解释率%	旋转前方差解释率 累积%	旋转后方差解释率 特征根	旋转后方差解释率 方差解释率%	旋转后方差解释率 累积%
JJ1	0.289	0.525	95.123	—	—	—	—	—	—
JJ2	0.284	0.517	95.640	—	—	—	—	—	—
JJ3	0.268	0.487	96.128	—	—	—	—	—	—
HJ1	0.259	0.472	96.599	—	—	—	—	—	—
HJ2	0.220	0.399	96.999	—	—	—	—	—	—
HJ3	0.207	0.376	97.375	—	—	—	—	—	—
IB1	0.180	0.328	97.703	—	—	—	—	—	—
IB2	0.170	0.310	98.013	—	—	—	—	—	—
IB3	0.150	0.273	98.286	—	—	—	—	—	—
IB4	0.142	0.259	98.544	—	—	—	—	—	—
IB5	0.118	0.215	98.759	—	—	—	—	—	—
AA1	0.112	0.204	98.963	—	—	—	—	—	—
AA2	0.102	0.186	99.149	—	—	—	—	—	—
AA3	0.092	0.167	99.316	—	—	—	—	—	—
AA4	0.085	0.155	99.471	—	—	—	—	—	—
AA5	0.082	0.150	99.621	—	—	—	—	—	—
IE1	0.074	0.134	99.755	—	—	—	—	—	—
IE2	0.064	0.116	99.872	—	—	—	—	—	—
IE3	0.038	0.069	99.940	—	—	—	—	—	—
IE4	0.021	0.038	99.978	—	—	—	—	—	—
IE5	0.012	0.022	100.000	—	—	—	—	—	—

从表 5-6 中的数据来看，因子分析一共提取出 8 个因子，特征根值均大于 1，8 个因子旋转后的方差解释率分别是 10.995%、10.914%、9.691%、9.640%、9.527%、7.729%、7.709%、7.563%，旋转后累积方差解释率为 73.770%，说明 55 个题项提取的 8 个因子对于原始数据的解释度较好。

第二，旋转后因子载荷系数分析，如表 5-7 所示。

表 5-7　旋转后因子载荷系数分析

名称	因子1	因子2	因子3	因子4	因子5	因子6	因子7	因子8	共同度（公因子方差）
TZ1			0.934						0.895
TZ2			0.753						0.654
TZ3			0.759						0.649
TZ4			0.768						0.638
GZ1			0.736						0.609
GZ2			0.752						0.630
GZ3			0.751						0.622
GZ4			0.771						0.638
GC1		0.945							0.912
GC2		0.751							0.618
GC3		0.776							0.661
GC4		0.721							0.625
NL1		0.749							0.616
NL2		0.725							0.593
NL3		0.773							0.670

续表

名称	因子载荷系数								共同度（公因子方差）
	因子1	因子2	因子3	因子4	因子5	因子6	因子7	因子8	
NL4		0.775							0.651
NL5		0.770							0.676
QY1				0.944					0.905
QY2				0.761					0.652
QY3				0.745					0.628
XM1				0.766					0.650
XM2				0.776					0.657
XM3				0.732					0.620
XM4				0.773					0.644
XM5				0.736					0.610
SE1	0.943								0.900
SE2	0.767								0.632
SE3	0.751								0.620
SE4	0.767								0.656
EE1	0.787								0.668
EE2	0.776								0.640
EE3	0.752								0.612
EE4	0.761								0.632
EE5	0.759								0.647
JJ1					0.869				0.855

续表

名称	因子载荷系数								共同度（公因子方差）
	因子1	因子2	因子3	因子4	因子5	因子6	因子7	因子8	
JJ2					0.859				0.843
JJ3					0.839				0.858
HJ1					0.880				0.841
HJ2					0.851				0.776
HJ3					0.830				0.838
IB1							0.773		0.800
IB2							0.845		0.839
IB3							0.880		0.902
IB4							0.891		0.876
IB5							0.873		0.838
AA1						0.896			0.836
AA2						0.900			0.823
AA3						0.882			0.810
AA4						0.909			0.850
AA5						0.919			0.876
IE1								0.836	0.879
IE2								0.840	0.894
IE3								0.849	0.899
IE4								0.807	0.825
IE5								0.858	0.886

根据成分旋转矩阵可以判断各个题项的因子归属。由表 5-7 可知，TZ1～TZ4 和 GZ1～GZ4 等 8 个题项属于因子 3，其因子载荷均大于 0.7，根据题项内容将其命名为"投资机会识别（TZJH）"；GC1～GC4 和 NL1～NL5 等 9 个题项属于因子 2，其因子载荷均大于 0.7，根据题项内容将其命名为"风险管理（FXGL）"；QY1～QY3 和 XM1～XM5 等 8 个题项属于因子 4，其因子载荷均大于 0.7，根据题项内容将其命名为"决策机制（JCJZ）"；SE1～SE4 和 EE1～EE5 等 9 个题项属于因子 1，其因子载荷均大于 0.7，根据题项内容将其命名为"投资环境（TZHJ）"；JJ1～JJ3 和 HJ1～HJ3 等 6 个题项属于因子 5，其因子载荷均大于 0.7，根据题项内容将其命名为"投资绩效（TZJX）"；IB1～IB5 等 5 个题项属于因子 7，其因子载荷均大于 0.7，根据题项内容将其命名为"投资行为（TZXW）"；AA1～AA5 等 5 个题项属于因子 6，其因子载荷均大于 0.7，根据题项内容将其命名为"资产配置（ZCPZ）"；IE1～IE5 等 5 个题项属于因子 8，其因子载荷均大于 0.7，根据题项内容将其命名为"投资经验（TZJY）"。

四、验证性因子分析

本书使用 AMOS 24.0 软件对正式调研数据进行了验证性因子分析，分别测度结构效度、收敛效度和区别效度。

首先在 AMOS 中建立研究模型，如图 5-4 所示，模型潜变量包括投资机会识别、风险管理、决策机制和投资绩效，以每一个潜变量下与量表中相对应的具体题项作为显变量，构建结构方程模型。

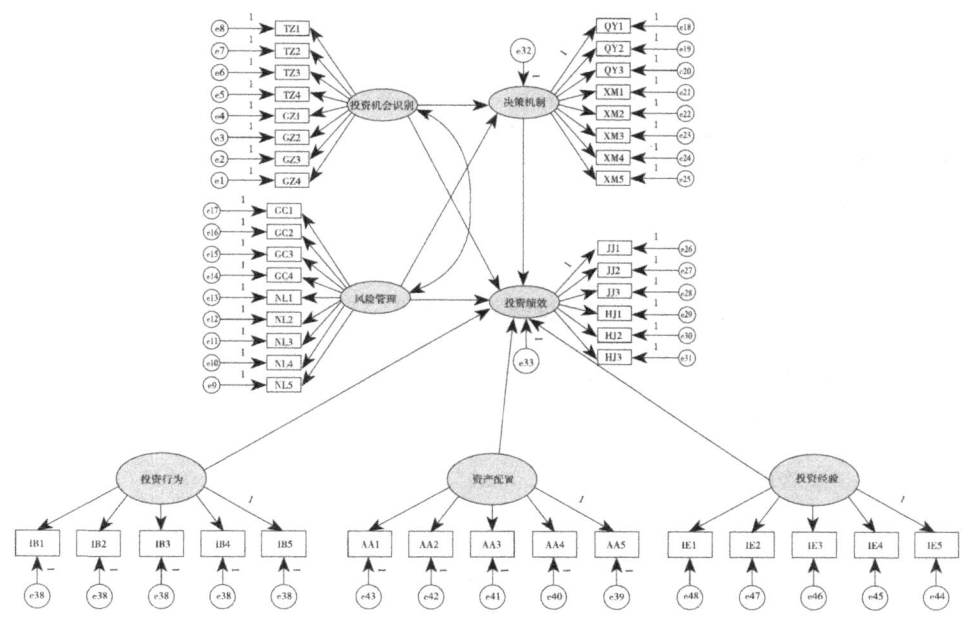

图 5-4 结构方程模型图

（一）结构效度

由表 5-8 可知，x^2/df、GFI、RMSEA、RMR、CFI、NFI 和 NNFI 的值均符合判断标准，结果适配比较理想；综合来看，投资机会识别、风险管理、决策机制、投资环境、投资环境、投资行为、资产配置和投资经验的整体模型适配良好。

表 5-8 结构效度模型拟合指标

常用指标	卡方自由度比 x^2/df	GFI	RMSEA	RMR	CFI	NFI	NNFI
判断标准	<3	<0.9	<0.10	<0.05	>0.9	>0.9	>0.9
值	2.802	0.989	0.068	0.049	0.982	0.928	0.947

（二）聚敛效度

通常情况下 AVE>0.5 且 CR>0.7，则说明聚合效度较高。由表 5-9 可知，投资机会识别、风险管理、决策机制、投资环境、投资绩效、投资行为、资产配置和投资经验具有良好的聚合效度。

表 5-9 聚敛效度模型 AVE 和 CR 指标结果

因子	平均方差萃取 AVE 值	组合信度 CR 值
投资机会识别	0.618	0.928
风险管理	0.625	0.937
决策机制	0.617	0.928
投资环境	0.622	0.936
投资绩效	0.792	0.958
投资行为	0.806	0.954
资产配置	0.746	0.935
投资经验	0.844	0.964

（三）区分效度

由表 5-10 可知，投资机会识别、风险管理、决策机制、投资环境、投资绩效、投资行为、资产配置和投资经验之间均具有显著的相关性（$p<0.05$），另外相关系数绝对值均小于所对应的 AVE 的平方根，即说明各个潜变量之间具有一定的相关性，且彼此之间又具有一定的区分度，即说明量表数据的区分效度理想。

表 5-10　区分效度 AVE 值

	投资机会识别	风险管理	决策机制	投资环境	投资绩效	投资行为	资产配置	投资经验
投资机会识别	0.786							
风险管理	0.686	0.790						
决策机制	0.644	0.665	0.785					
投资环境	0.614	0.663	0.612	0.788				
投资绩效	0.695	0.641	0.621	0.657	0.890			
投资行为	0.656	0.671	0.651	0.623	0.713	0.898		
资产配置	0.613	0.651	0.634	0.627	0.755	0.841	0.864	
投资经验	0.634	0.623	0.646	0.645	0.795	0.867	0.861	0.919

注：对角线为 AVE 的平方根值。

五、共同方法偏差检验

为了检验研究是否存在严重的共同方法偏差问题，采用 Harman 因素检验，对问卷所有题项进行未旋转的因子分析（见表 5-11），得到第一个主成分的解释方差为 21.182%，小于临界标准 40%，由此可知本书不存在显著的共同方法偏差。

表 5-11　总解释方差

编号	初始特征值			提取载荷平方和		
	特征根	方差百分比	累积 %	特征根	方差百分比	累积 %
TZ1	11.650	21.182	21.182	11.650	21.182	21.182
TZ2	10.106	18.374	39.556	10.106	18.374	39.556

续表

编号	初始特征值			提取载荷平方和		
	特征根	方差百分比	累积%	特征根	方差百分比	累积%
TZ3	4.040	7.346	46.902	4.040	7.346	46.902
TZ4	3.951	7.184	54.086	3.951	7.184	54.086
GZ1	3.516	6.393	60.479	3.516	6.393	60.479
GZ2	3.350	6.090	66.569	3.350	6.090	66.569
GZ3	2.203	4.005	70.574	2.203	4.005	70.574
GZ4	1.758	3.196	73.770	1.758	3.196	73.770
GC1	0.630	1.145	74.914			
GC2	0.583	1.060	75.975			
GC3	0.570	1.037	77.012			
GC4	0.543	0.988	78.000			
NL1	0.532	0.968	78.968			
NL2	0.520	0.946	79.914			
NL3	0.498	0.905	80.819			
NL4	0.488	0.888	81.706			
NL5	0.480	0.873	82.579			
QY1	0.478	0.869	83.448			
QY2	0.461	0.838	84.286			
QY3	0.457	0.832	85.118			
XM1	0.444	0.807	85.924			
XM2	0.429	0.779	86.703			
XM3	0.424	0.772	87.475			
XM4	0.410	0.745	88.220			

续表

编号	初始特征值			提取载荷平方和		
	特征根	方差百分比	累积 %	特征根	方差百分比	累积 %
XM5	0.397	0.721	88.941			
SE1	0.386	0.702	89.643			
SE2	0.376	0.683	90.326			
SE3	0.369	0.671	90.997			
SE4	0.357	0.648	91.646			
EE1	0.346	0.629	92.274			
EE2	0.337	0.612	92.887			
EE3	0.324	0.589	93.476			
EE4	0.313	0.569	94.045			
EE5	0.304	0.553	94.598			
JJ1	0.289	0.525	95.123			
JJ2	0.284	0.517	95.640			
JJ3	0.268	0.487	96.128			
HJ1	0.259	0.472	96.599			
HJ2	0.220	0.399	96.999			
HJ3	0.207	0.376	97.375			
IB1	0.180	0.328	97.703			
IB2	0.170	0.310	98.013			
IB3	0.150	0.273	98.286			
IB4	0.142	0.259	98.544			
IB5	0.118	0.215	98.759			
AA1	0.112	0.204	98.963			

续表

编号	初始特征值			提取载荷平方和		
	特征根	方差百分比	累积 %	特征根	方差百分比	累积 %
AA2	0.102	0.186	99.149			
AA3	0.092	0.167	99.316			
AA4	0.085	0.155	99.471			
AA5	0.082	0.150	99.621			
IE1	0.074	0.134	99.755			
IE2	0.064	0.116	99.872			
IE3	0.038	0.069	99.940			
IE4	0.021	0.038	99.978			
IE5	0.012	0.022	100.000			

注：提取方法为主成分分析法。

第四节 相关性分析

在进行回归分析之前，本书首先使用 SPSS 23.0 软件对变量进行 Person 相关性分析（见表 5-12）。相关分析呈现出的显著性程度一般在 0~1 之间，关系的紧密程度可以直接看相关系数大小，当相关系数值小于 0.2 时，说明关系较弱，但依然有相关关系。

表 5-12　变量之间的相关性分析（N=613）

变量		投资机会识别	风险管理	决策机制	投资环境	投资绩效	投资行为	资产配置	投资经验
投资机会识别	相关系数	1	0.686**	0.644**	0.614**	0.695**	0.656**	0.613**	0.634**
	p值		0.000	0.000	0.000	0.000	0.000	0.000	0.000
风险管理	相关系数	0.686**	1	0.665**	0.663**	0.641**	0.671**	0.651**	0.623**
	p值	0.000		0.000	0.000	0.000	0.000	0.000	0.000
决策机制	相关系数	0.644**	0.665**	1	0.612**	0.621**	0.651**	0.634**	0.646**
	p值	0.000	0.000		0.000	0.000	0.000	0.000	0.000
投资环境	相关系数	0.614**	0.663**	0.612**	1	0.657**	0.623**	0.627**	0.645**
	p值	0.000	0.000	0.000		0.000	0.000	0.000	0.000
投资绩效	相关系数	0.695**	0.641**	0.621**	0.657**	1	0.713**	0.755**	0.795**
	p值	0.000	0.000	0.000	0.000		0.000	0.000	0.000
投资行为	相关系数	0.656**	0.671**	0.651**	0.623**	0.713**	1	0.841**	0.867**
	p值	0.000	0.000	0.000	0.000	0.000		0.000	0.000
资产配置	相关系数	0.613**	0.651**	0.634**	0.627**	0.755**	0.841**	1	0.861**
	p值	0.000	0.000	0.000	0.000	0.000	0.000		0.000
投资经验	相关系数	0.634**	0.623**	0.646**	0.645**	0.795**	0.867**	0.861**	1
	p值	0.000	0.000	0.000	0.000	0.000	0.000	0.000	

注：*** 表示 $P<0.01$；** 表示 $P<0.05$；* 表示 $P<0.1$。

由表 5-12 可知，投资机会识别与投资环境具有显著的相关关系，相关系数为 0.614；风险管理与投资环境具有显著的相关关系，相关系数为 0.663；投资机会识别与决策机制具有显著的相关关系，相关系数为 0.644；风险管理与决策机制具有显著的相关关系，相关系数为 0.665；投资环境与决策机制具有显著的相关关系，相关系数为 0.612；投资机会识别与投资绩效具有显著的相关关系，相关系数为 0.695；风险管理与投资绩效具有显著的相关关系，相关系数为 0.641；投资环境与投资绩效具有显著的相关关系，相关系数为 0.657；决策机制与投资绩效具有显著的相关关系，相关系数为 0.621。根据以上分析结论，说明每个变量间存在一定的相关关系。

第五节 回归分析

回归分析是在相关关系的基础上，对模型之间变量的影响情况进行的研究，有相关关系不一定有回归影响关系。本书在理论研究的基础上重新构建理论模型，并对模型进行了回归分析，如果回归分析结果表明 $p<0.05$，则说明变量间有影响关系。通常需要看以下几个指标：R^2 这个值在 0~1 之间，数值越接近 1 越好，说明方程模型拟合高；VIF 值代表方差膨胀因子，所有的 VIF 值均需小于 10，相对严格的标准是小于 5，则表明回归模型不存在多重共线性。

一、投资机会识别与投资绩效的回归分析

将投资机会识别的投资能力（TZ）和机会识别（GZ）这两个维度作为

自变量，同时加入控制变量投资行为、资产配置和投资经验，以投资绩效（TZJX）作为因变量进行线性回归分析，如表5-13所示。

表5-13 投资机会识别对投资绩效的回归分析（N=613）

变量	非标准化系数 β	标准误	标准化系数 β	t	p值	VIF	R^2	调整后的R^2	F
常数	1.255	0.189	—	13.781	0.000***	—	0.811	0.806	84.631
TZ	0.220	0.030	0.326	25.991	0.000***	4.130			
GZ	0.310	0.010	0.535	26.323	0.000***	4.115			

注：*** 表示$P<0.01$；** 表示$P<0.05$；* 表示$P<0.1$。

由表5-13可知，模型$R^2=0.806$，说明投资机会识别的两个维度可以解释投资绩效80.6%的变化原因。$p=0.000<0.01$，VIF值都小于5，表明模型不存在多重共线性。因此，投资机会识别的两个维度对投资绩效产生影响的模型公式如下。

$$TZJX=1.255+0.220*TZ+0.310*GZ \tag{5-1}$$

由公式5-1可知，投资机会识别的投资能力（TZ）对投资绩效（TZJX）的回归显著（$\beta=0.220$，$p<0.01$），即在0.01显著性水平下投资机会识别的投资能力（TZ）对投资绩效（TZJX）存在显著正向影响，假设H1a成立。投资机会识别的机会识别（GZ）对投资绩效（TZJX）的回归显著（$\beta=0.310$，$p<0.01$），即在0.01显著性水平下投资机会识别的机会识别（GZ）对投资绩效（TZJX）存在显著正向影响，假设H1b成立。

二、风险管理与投资绩效的回归分析

将风险管理的市场风险管理（GC）和运营风险管理（NL）这两个维度作为自变量，同时加入控制变量投资行为、资产配置和投资经验，以投资绩效（TZJX）作为因变量进行线性回归分析，如表 5-14 所示。

表 5-14　风险管理对投资绩效的回归分析（N=613）

变量	非标准化系数 β	标准误	标准化系数 β	t	p 值	VIF	R^2	调整后的 R^2	F
常数	1.273	0.186	–	6.846	0.000***	–	0.831	0.817	84.650
GC	0.234	0.056	0.492	17.891	0.000***	4.653			
NL	0.367	0.063	0.658	23.678	0.000***	4.653			

注：*** 表示 P<0.01；** 表示 P<0.05；* 表示 P<0.1。

由表 5-14 可知，模型 R^2=0.817，说明风险管理的两个维度可以解释投资绩效 81.7% 的变化原因。p=0.000<0.01，VIF 值都小于 5，表明模型不存在多重共线性。风险管理的两个维度对投资绩效产生影响的模型公式如下。

$$TZJX=1.273+0.234*GC+0.367*NL \qquad (5-2)$$

由公式 5-2 可知，风险管理的市场风险管理（GC）对投资绩效（TZJX）的回归显著（β=0.234，p<0.01），即在 0.01 显著性水平下风险管理的市场风险管理（GC）对投资绩效（TZJX）存在显著正向影响，假设 H2a 成立。风险管理的运营风险管理（NL）对投资绩效（TZJX）的回归显著（β=0.367，p<0.01），即在 0.01 显著性水平下风险管理的运营风险管理（NL）对投资绩效（TZJX）存在显著正向影响，假设 H2b 成立。

三、投资机会识别与决策机制的回归分析

将投资机会识别的投资能力（TZ）和机会识别（GZ）这两个维度作为自变量，以决策机制（JCJZ）作为因变量进行线性回归分析，如表 5-15 所示。

表 5-15　投资机会识别对决策机制的回归分析（N=613）

变量	非标准化系数 β	标准误	标准化系数 β	t	p 值	VIF	R^2	调整后的 R^2	F
常数	2.066	0.130	—	15.863	0.000***	—	0.857	0.856	41.307
TZ	0.113	0.070	0.124	1.609	0.000***	4.097			
GZ	0.245	0.081	0.232	3.021	0.000***	4.097			

注：*** 表示 P<0.01；** 表示 P<0.05；* 表示 P<0.1。

由表 5-15 可知，模型 R^2=0.856，说明投资机会识别的两个维度可以解释决策机制 85.6% 的变化原因。p=0.000<0.01，VIF 值都小于 5，表明模型不存在多重共线性。因此，投资机会识别的两个维度对决策机制产生影响的模型公式如下。

$$JCJZ=2.066+0.113*TZ+0.245*GZ \qquad (5-3)$$

由公式 5-3 可知，投资能力（TZ）对决策机制（JCJZ）的回归显著（β=0.113，p<0.01），即在 0.01 显著性水平下投资机会识别的投资能力（TZ）对决策机制（JCJZ）存在显著正向影响，假设 H3a 成立。机会识别（GZ）对决策机制（JCJZ）的回归显著（β=0.245，p<0.01），即在 0.01 显著性水平下机会识别（GZ）对决策机制（JCJZ）存在显著正向影响，假设 H3b 成立。

四、风险管理与决策机制的回归分析

将风险管理的市场风险管理（GC）和运营风险管理（NL）这两个维度作为自变量，以决策机制（JCJZ）作为因变量进行线性回归分析，如表5-16所示。

表5-16 风险管理对决策机制的回归分析（N=613）

变量	非标准化系数 β	非标准化系数 标准误	标准化系数 β	t	p值	VIF	R^2	调整后的R^2	F
常数	2.042	0.124	–	16.511	0.000***	–	0.867	0.834	47.358
GC	0.093	0.073	0.103	1.269	0.000***	4.644			
NL	0.276	0.082	0.272	3.354	0.001***	4.644			

注：*** 表示P<0.01；** 表示P<0.05；* 表示P<0.1。

由表5-16可知，模型R^2=0.834，说明风险管理的两个维度可以解释决策机制83.4%的变化原因。p=0.000<0.01，VIF值都小于5，表明模型不存在多重共线性。风险管理的两个维度对决策机制产生影响的模型公式如下。

$$JCJZ=2.042+0.093*GC+0.276*NL \qquad (5-4)$$

由公式5-4可知，市场风险管理（GC）对决策机制（JCJZ）的回归显著（β=0.093，p<0.01），即在0.01显著性水平下市场风险管理（GC）对决策机制（JCJZ）存在显著正向影响，假设H4a成立。运营风险管理（NL）对决策机制（JCJZ）的回归显著（β=0.276，p<0.01），即在0.01显著性水平下运营风险管理（NL）对决策机制（JCJZ）存在显著正向影响，假设H4b成立。

五、决策机制与投资绩效的回归分析

将决策机制（JCJZ）的组织结构（QY）和议事制度（XM）两个维度作为自变量，同时加入控制变量投资行为、资产配置和投资经验，以投资绩效（TZJX）作为因变量进行线性回归分析，如表 5-17 所示。

表 5-17 决策机制对投资绩效的回归分析（N=613）

变量	非标准化系数 β	标准误	标准化系数 β	t	p值	VIF	R^2	调整后的 R^2	F
常数	4.203	0.125	–	33.489	0.000***	–	0.855	0.853	84.558
QY	0.567	0.068	0.312	18.771	0.000***	4.205			
XM	0.434	0.078	0.234	20.881	0.000***	4.208			

注：*** 表示 P<0.01；** 表示 P<0.05；* 表示 P<0.1。

由表 5-17 可知，模型 R^2=0.853，说明决策机制的两个维度可以解释投资绩效 85.3% 的变化原因。p=0.000<0.01，VIF 值都小于 5，表明模型不存在多重共线性。决策机制的两个维度对投资绩效产生影响的模型公式如下。

$$TZJX=4.203+0.567*QY+0.434*XM \qquad (5-5)$$

由公式 5-5 可知，决策机制的组织结构（QY）对投资绩效（TZJX）的回归显著（β=0.567，P<0.01），即在 0.01 显著性水平下决策机制的组织结构（QY）对投资绩效（TZJX）存在显著正向影响，假设 H5a 成立。议事制度（XM）对投资绩效（TZJX）的回归显著（β=0.434，P<0.01），即在 0.01 显著性水平下决策机制的议事制度（XM）对投资绩效（TZJX）存在显著正向影响，假设 H5b 成立。

六、投资行为与投资绩效的回归分析

将投资行为（IB）作为自变量，以投资绩效（TZJX）作为因变量进行线性回归分析，如表 5-18 所示。

表 5-18　投资行为对投资绩效的回归分析（N=613）

变量	非标准化系数 β	非标准化系数 标准误	标准化系数 β	t	p 值	VIF	R^2	调整后的 R^2	F
常数	2.272	0.131	—	17.332	0.000***	—	0.763	0.759	217.787
IB	0.474	0.032	0.513	14.758	0.000***	1.000			

注：*** 表示 P<0.01；** 表示 P<0.05；* 表示 P<0.1。

由表 5-18 可知，模型 R^2=0.759，说明投资行为可以解释投资绩效 75.9% 的变化原因。p=0.000<0.01，VIF 值都小于 5，表明模型不存在多重共线性。投资行为对投资绩效产生影响的模型公式如下。

$$TZJX=2.272+0.474*IB \tag{5-6}$$

由公式 5-6 可知，投资行为（IB）对投资绩效（TZJX）的回归显著（β=0.474，P<0.01），即在 0.01 显著性水平下投资行为（IB）对投资绩效（TZJX）存在显著正向影响，假设 H9 成立。

七、资产配置与投资绩效的回归分析

将资产配置（AA）作为自变量，以投资绩效（TZJX）作为因变量进行线性回归分析，如表 5-19 所示。

表 5-19 资产配置对投资绩效的回归分析（N=613）

变量	非标准化系数 β	标准误	标准化系数 β	t	p 值	VIF	R^2	调整后的 R^2	F
常数	3.211	0.149	—	21.510	0.000***	—	0.811	0.809	42.442
AA	0.244	0.037	0.255	6.515	0.000***	1.000			

由表 5-19 可知，模型 R^2=0.809，说明资产配置可以解释投资绩效 80.9% 的变化原因。p=0.000<0.01，VIF 值都小于 5，表明模型不存在多重共线性。资产配置对投资绩效产生影响的模型公式如下。

$$TZJX=3.211+0.244*AA \qquad (5-7)$$

由公式 5-7 可知，资产配置（AA）对投资绩效（TZJX）的回归显著（β=0.244，p<0.01），即在 0.01 显著性水平下资产配置（AA）对投资绩效（TZJX）存在显著正向影响，假设 H10 成立。

八、投资经验与投资绩效的回归分析

将投资经验（IE）作为自变量，以投资绩效（TZJX）作为因变量进行线性回归分析，如表 5-20 所示。

表 5-20 投资经验对投资绩效的回归分析（N=613）

变量	非标准化系数 β	标准误	标准化系数 β	T	p 值	VIF	R^2	调整后的 R^2	F
常数	1.942	0.124	—	15.652	0.000***	—	0.754	0.753	335.053
IE	0.548	0.030	0.595	18.304	0.000***	1.000			

由表 5-20 可知，模型 R^2=0.753，说明投资经验可以解释投资绩效 75.3% 的变化原因。p=0.000<0.01，VIF 值都小于 5，表明模型不存在多重共线性。投资经验对投资绩效产生影响的模型公式如下。

$$TZJX=1.942+0.548*IE \qquad (5-8)$$

由公式 5-8 可知，投资经验（IE）对投资绩效（TZJX）的回归显著（β=0.548，p<0.01），即在 0.01 显著性水平下投资经验（IE）对投资绩效（TZJX）存在显著正向影响，假设 H11 成立。

本书共进行了 8 次回归分析，分别是投资机会识别与投资绩效的回归分析、风险管理与投资绩效的回归分析、投资机会识别与决策机制的回归分析、风险管理与决策机制的回归分析、决策机制与投资绩效的回归分析、投资行为与投资绩效的回归分析、资产配置与投资绩效的回归分析、投资经验与投资绩效的回归分析。当方差膨胀因子（VIF）满足 VIF<10 时，在回归模型中就不具有多重共线性问题。在回归分析中，可以发现本研究不存在共线性的问题。

第六节　决策机制的中介效应

通过上面的回归分析可知，投资机会识别、风险管理均对投资绩效具有显著正向影响，接下来将探讨决策机制是否在这一影响过程中存在中介效应。

一、决策机制在投资机会识别对投资绩效影响过程中的中介效应

为检验决策机制在投资机会识别对投资绩效影响过程中的中介效应，本节先后采用依次检验法和Bootstrap法对决策机制的中介效应进行验证，研究模型说明如下。

模型1：将自变量投资机会识别与因变量投资绩效进行回归检验。

模型2：将自变量投资机会识别与中介变量决策机制进行回归检验。

模型3：将自变量投资机会识别、中介变量决策机制和因变量投资绩效同时进行回归检验。

对以上3个模型进行多元回归分析，结果如表5-21所示。

表5-21　决策机制在投资机会识别对投资绩效影响过程中的中介效应（N=613）

变量	模型1（投资绩效）	模型2（决策机制）	模型3（投资绩效）
常数	0.279***	0.125***	0.256**
投资机会识别	0.939***	0.982***	0.757***
决策机制			0.168***
R^2	0.843	0.791	0.851
调整后的R^2	0.842	0.790	0.850
F值	1716.272***	1211.967***	912.772***

注：采用依次检验法。其中，*** 表示 $p<0.01$；** 表示 $p<0.05$；* 表示 $p<0.1$。

由表5-21可知，首先，在模型1中，投资机会识别对投资绩效的回归显著，回归模型的R^2=0.843，调整后的R^2=0.842，F=1716.272，说明回归模型拟合较好，且β=0.939（$p<0.01$），假设H1得到验证。

其次，在模型 2 中，投资机会识别对决策机制的回归显著，回归模型的 $R^2=0.791$，调整后的 $R^2=0.790$，F=1211.967，说明回归模型拟合较好，且回归系数 $\beta=0.982$（p<0.01），假设 H3 得到验证。

最后，在模型 3 中，当决策机制作为中介变量加入后，回归模型 $R^2=0.851$，调整后的 $R^2=0.850$，F=912.772，说明回归模型拟合较好。其中，投资机会识别对投资绩效的影响系数减小，由模型 1 的系数 $\beta=0.939$（p<0.01）下降为模型 3 的 $\beta=0.757$（p<0.01），这表明决策机制在投资机会识别对投资绩效的影响过程中起部分中介作用，即在 0.01 显著性水平下中介效应为 $0.982\times0.168/0.939\times100\%\approx17.57\%$，投资机会识别对投资绩效的直接作用为 82.43%。假设 H5、H6 得到验证。

为了进一步验证决策机制在投资机会识别对投资绩效影响过程中的中介效应，本书借助 SPSS PROCESS 工具，采用 Bootstrap 法进行检验，结果如表 5-22 所示。决策机制的中介效应显著，表明决策机制在投资机会识别对投资绩效的影响过程中发挥部分中介作用，与表 5-21 的回归结果一致，假设再次得到验证。

表 5-22　决策机制在投资机会识别对投资绩效影响过程中的中介效应（N=613）

路径	效应	效应值 r	标准误	95% 置信区间 下限	95% 置信区间 上限
投资机会识别—决策机制—投资绩效	总效应	0.6029	0.0291	0.5216	0.6843
	直接效应	0.1140	0.0310	0.0290	0.1990
	间接效应	0.4889	0.0100	0.3998	0.5836

注：采用 Bootstrap 法。

二、决策机制在风险管理对投资绩效影响过程中的中介效应

为检验决策机制在风险管理对投资绩效影响过程中的中介效应，本节先后采用依次检验法和 Bootstrap 法对决策机制的中介效应进行验证，研究模型说明如下。

模型1：将自变量风险管理与因变量投资绩效进行回归检验。

模型2：将自变量风险管理与中介变量决策机制进行回归检验。

模型3：将自变量风险管理、中介变量决策机制和因变量投资绩效同时进行回归检验。

对以上3个模型进行多元回归分析，结果如表5-23所示。

表5-23 决策机制在风险管理对投资绩效影响过程中的中介效应（N=613）

变量	模型1（投资绩效）	模型2（决策机制）	模型3（投资绩效）
常数	0.649***	0.209***	0.541***
风险管理	0.843***	0.957***	0.347***
决策机制			0.519***
R^2	0.690	0.764	0.765
调整后的 R^2	0.690	0.763	0.763
F 值	713.862***	1033.982***	517.946***

注：采用依次检验法。其中，*** 表示 $p<0.01$；** 表示 $p<0.05$；* 表示 $p<0.1$。

由表5-23可知，首先，在模型1中，风险管理对投资绩效的回归显著，回归模型的 $R^2=0.690$，调整后的 $R^2=0.690$，$F=713.862$，说明回归模型拟合较好，且回归系数 β=0.843（$p<0.01$），假设 H2 得到验证。

其次，在模型 2 中，风险管理对决策机制的回归显著，回归模型的 R^2=0.764，调整后的 R^2=0.763，F=1033.982，说明回归模型拟合较好，且回归系数 β=0.957（p<0.01），假设 H4 得到验证。

最后，在模型 3 中，当决策机制作为中介变量加入后，回归模型 R^2=0.765，调整后的 R^2=0.763，F=517.946，说明回归模型拟合较好。其中，风险管理对投资绩效的影响系数减小，由模型 1 的系数 β=0.843（p<0.01）下降为模型 3 的 β=0.347（p<0.01），这表明决策机制在风险管理对投资绩效的影响过程中起部分中介作用，中介效应为 0.957×0.519/0.843×100% ≈ 58.92%，风险管理对投资绩效的直接作用为 41.08%。假设 H5、H7 得到验证。

为了进一步验证决策机制在风险管理对投资绩效影响过程中的中介效应，本书借助 SPSS PROCESS 工具，采用 Bootstrap 法进行检验，结果如表 5-24 所示。决策机制的中介效应显著，表明决策机制在风险管理对投资绩效的影响过程中发挥部分中介作用，与表 5-23 的回归结果一致，假设再次得到验证。

表 5-24　决策机制在风险管理对投资绩效影响过程中的中介效应（N=613）

路径	效应	效应值 r	标准误	95% 置信区间 下限	95% 置信区间 上限
风险管理—决策机制—投资绩效	总效应	0.6781	0.0284	0.6033	0.7529
风险管理—决策机制—投资绩效	直接效应	0.2599	0.0305	0.1790	0.3409
风险管理—决策机制—投资绩效	间接效应	0.4182	0.0105	0.3363	0.5008

注：采用 Bootstrap 法。

第七节　投资环境的调节效应

通过上面的回归分析可知，投资机会识别、风险管理通过决策机制对投资绩效产生影响，投资环境在决策机制对投资绩效的影响过程中发生作用，接下来将探讨投资环境是否存在调节效应。

本节以投资环境为调节变量，来验证投资环境在决策机制对投资绩效影响过程中的调节效应，研究模型如下。

模型1：将控制变量投资行为、资产配置、投资经验与因变量投资绩效进行回归检验。

模型2：将中介变量决策机制与因变量投资绩效进行回归检验。

模型3：将调节变量投资环境与因变量投资绩效进行回归检验。

模型4：将交互项决策机制*投资环境与因变量投资绩效进行回归检验。

对以上4个模型进行多元回归分析，结果如表5-25所示。

表5-25　投资环境在决策机制对投资绩效影响过程中的调节效应（N=613）

变量	模型1	模型2	模型3	模型4
常数	1.233***	1.238***	1.299***	1.301***
投资行为	0.240***	0.240***	0.241***	0.241***
资产配置	0.104***	0.104***	0.104***	0.104***
投资经验	0.386***	0.386***	0.387***	0.387***
决策机制		0.117***	0.119***	0.117***

续表

变量	模型 1	模型 2	模型 3	模型 4
投资环境			0.014***	0.015***
决策机制 * 投资环境				0.018***
R^2	0.923	0.926	0.926	0.927
调整后的 R^2	0.922	0.925	0.925	0.925
F 值	1271.562***	996.590***	795.691***	662.644***

注：*** 表示 $p<0.01$；** 表示 $p<0.05$；* 表示 $p<0.1$。

从表 5-25 中的模型 4 可知，决策机制 * 投资环境的回归系数显著（β=0.018，$p<0.05$），说明了决策机制与投资绩效的关系受到投资环境的影响，因而投资环境在决策机制与投资绩效之间起到显著的调节作用，假设 H8 得到验证。

第八节　检验结果汇总

结合上文的理论研究、多元回归分析和中介检验，可以获得关于变量间回归分析的实证结果。在此基础上，假设总结如表 5-26 所示。

表 5-26　假设检验结果

编号	假设内容	检验结果
H1	投资机会识别对投资绩效存在显著正向影响	成立
H1a	投资能力对投资绩效存在显著正向影响	成立
H1b	机会识别对投资绩效存在显著正向影响	成立
H2	风险管理对投资绩效存在显著正向影响	成立
H2a	市场风险管理对投资绩效存在显著正向影响	成立
H2b	运营风险管理对投资绩效存在显著正向影响	成立
H3	投资机会识别对决策机制存在显著正向影响	成立
H3a	投资能力对决策机制存在显著正向影响	成立
H3b	机会识别对决策机制存在显著正向影响	成立
H4	风险管理对决策机制存在显著正向影响	成立
H4a	市场风险管理对决策机制存在显著正向影响	成立
H4b	运营风险管理对决策机制存在显著正向影响	成立
H5	决策机制对投资绩效存在显著正向影响	成立
H5a	组织结构对投资绩效存在显著正向影响	成立
H5b	议事制度对投资绩效存在显著正向影响	成立
H6	决策机制在投资机会识别与投资绩效之间起到中介作用	成立
H7	决策机制在风险管理与投资绩效之间起到中介作用	成立
H8	投资环境在决策机制对投资绩效的影响过程中起到调节作用	成立
H9	理性的投资行为会对投资绩效产生显著正向影响	成立
H10	合理的资产配置会对投资绩效产生显著正向影响	成立
H11	丰富的投资经验会对投资绩效产生显著正向影响	成立

第九节　检验结果分析与讨论

通过相关分析和多元回归分析,证实了产业投资基金公司的投资机会识别、风险管理、决策机制、投资环境、投资绩效、投资行为、资产配置及投资经验这 8 个变量之间的关系,本小节将主要围绕实证研究的结论进行分析探讨。

一、投资机会识别与投资绩效的关系探讨

产业投资基金公司的投资机会识别与投资绩效之间的关系主要包括 3 个方面:一是投资机会识别与投资绩效呈正相关关系;二是投资机会识别的投资能力维度与投资绩效之间是正相关关系;三是投资机会识别的机会识别维度与投资绩效之间是正相关关系。

(一)投资绩效的获取需要从把握投资机会识别开始

产业投资基金不但要自上而下评估行业的长期趋势,以便在长期层面上跑赢行业指标,同时也要自下而上研究具体公司的经营状况,力求找到超额回报的获取点。产业投资基金最关键的是在于了解产业的发展驱动力及其未来发展方向,而那些体现行业发展方向的重要资源,是资源配置的重要基石。因此,基于企业自身拥有的资源优势,选取恰当的投资机会,有助于减少投资成本,增加投资收益,并保证项目的可行性与有效性。

（二）投资能力影响投资绩效

投资者的投资机会识别，体现了投资者管理风险和判断风险的能力水平。投资者投资的风险越大，收益率就越高；相反，投资的风险较小，回报率也就相对较小。张宬等（2021）认为基金绩效评价过程中应充分考虑到的投资风险表现，实际上是投资管理技能与投机运气的综合体现，而投资管理要求、资金控制、投资策略、资产选择以及风险水平差异，往往会导致基金之间的整体绩效产生差异，而这些或多或少都受企业投资能力的影响。管理层是公司的实际控制者和执行机构，决定了对公司投资的规模、方向和方案的选定，而其能力水平的高低也无疑会影响公司的投资效果，林发勤、吕雨桐（2022）从管理人员能力这种全新的角度，研究了管理人员水平的高低对其公司经营活动将产生怎样的影响结果，并探讨了管理人员实力对投资机会识别和投资质量的影响机制，发现管理者能力与投资机会识别、投资质量呈显著正相关，从而表明高能力的管理者能够显著促进企业获得投资机会识别，并对投资收益产生正向影响。黄伟娟、李尚蒲（2023）提出高管认知能力对数字化转型与投资效率之间的关系存在调节效应，但主要发生在二者正相关阶段，高管认知能力越高的企业，数字化转型对投资效率的正向影响越强。

（三）机会识别影响投资绩效

判断风险的因素对投资收益有着直接的影响，投资者想获取高回报，就必须对风险有一种理性认知，而认知水平越高，投资回报率就越高。常振芳（2018）提出，认知有限性以及低认知水平都是影响投资者有限参与的重要因素；过分自信与过于悲观是投资者有限参与的两种心态，过分自信会产生投资溢价和较多的可能性，但过于悲观会造成投资风险，失去机会。马鸿佳、孙青、吴娟（2022）提出，机会识别能力和机会利用能力在网络市场导向与新企业绩效的关系中起到正向调节作用，即机会识别能力越强，网络市场导向对新企业绩效的促进作用越明显，机会利用能力越强，网络市场导向对新企业绩效的促进作用越明显。苏世彬等（2023）通过研究发现，机会识别在专利风险感知对技术创业绩效的影响过程中起到中介作用、创业政策在专利风险感知通过机会识别影响技术创业绩效的过程中起到调节作用。

通过以上文献研究可以发现，关于产业投资基金公司投资机会识别与投资绩效之间关系的观点，大多数与本书结论相符，本书关于产业投资基金公司投资机会识别与投资绩效之间关系的实证结果得到了理论上的支撑。投资市场的两面性永远不会消失，风险存在的同时也永远存在机遇，抓住机遇，就能实现财富倍增。产业投资基金公司要注重投资能力的培养，增强对相关人员的专业素质要求，也要重视对周围环境的感知，提高对环境中机会的敏感性，把注意力放在能把握的投资机会识别上，由此稳健地实现业务的开拓和绩效的增长。

二、风险管理与投资绩效的关系探讨

产业投资基金公司风险管理与投资绩效之间的关系主要包括三个方面：一是风险管理与投资绩效呈正相关关系；二是风险管理的市场风险管理维度与投资绩效之间是正相关关系；三是风险管理的运营风险管理维度与投资绩效之间是正相关关系。

（一）风险管理与投资绩效是研究的热点话题

近年来，市场经济全面深化，企业面临着巨大的挑战。资金安全是企业站稳脚跟、持久运营的基础，如果投资风险管理不到位，和投资风险防范相关的对策操作错误，也会造成许多损失。据调查统计，每年我国由于投资风险造成的企业损失越来越多，一旦投资失败导致周转不灵，不仅会影响投资收益，严重时甚至会导致企业破产。并且，随着当前整个产业投资基金步入了高速发展的新阶段，由于产业投资基金规模与总量的持续扩大，使基金投资过程中存在着较多的风险因素，给产业投资基金企业进行风险管理造成了很大的障碍。针对这样的情况，如何在激烈的市场中站稳脚跟，取得优势，应对投资风险，强化管理，就成为产业投资基金企业可持续发展的决定性因素。我国各大产业投资基金企业必须转变固有理念，对风险管理有一个更明确的认识，通过对市场的研究分析得出投资风险管理的有效方式，从而抵御风险，做好风险控制工作。林毅夫、李永军（2001）认为，高风险和高回报共存，资金的安全退出是投资获得投资收益的最主要方式；在获取风险利益和规避风险损失的双驱动力影响下，在将风险利益当成最基本追求方式的同时，规避风险损失也变成了获得更高风险回报的主要方式。陈晓红、刘剑（2006）认为，对公司经营来说，公司内部危机防范工作是最难的，同时也是对企业经营要求最严的，所以企业不仅要搞好防范管理工作，还要对能够产生资本损失的情况进行一次细致的研究，并针对公司的实际状况和未来发展趋势制定预警措施。因此，风险管理和投资绩效的关系，也便成为学术界研究的热点。张腾文、王威、于翠婷（2016）提出，风险认知需要长期积累，只有当风险认知积累到一定程度后，投资收益才会随着风险认知能力的提高而显著提高。操武（2020）通过研究发现，风险投资管理投入各维度均正向影响被投企业技术商业化绩效。杨兵、杨杨、杜剑（2022）研究发现，当市场风险预期和财务风险攀升时，企业倾向于选择增加金融投资而降低实体投资的投资策略。刘怡、侯杰（2024）从人力角度出发探讨风险管理与绩效的关系，其结论为人力资源风险管理显著促进了企业经营绩效的提升。

（二）市场风险管理对投资绩效的影响研究也受到学者的关注

骆永明等（2018）认为，对风险的有效管理将有利于基金改进管理行为，从而获得战略性资产的重新配置与优化管理，而战略性资产配置对我国基金绩效会产生显著性的影响。郭健（2013）提出，风险管理的目的包括两方面：一是预防最坏结果，即公司因风险带来的巨大损失而导致倒闭；二是可以用于配置投资组合的资产，有效地调整风险和配置资本，提高资本运营效率，使得投资风险和投资收益向预测风险靠拢发展，从而获得更好的投资收益。彭丽涛、夏丽馨、刘勤（2024）提出，风险承担水平在社会网络嵌入和科技创业绩效正向关系中发挥积极中介作用。也就是说，提升企业风险承担水平是社会网络嵌入促进科技创业绩效提升的有效方式。网络嵌入中心度越高、网络结构洞越丰富，意味着科技创业企业资源分布越广、网络约束越小，当市场存在风险时，科技创业企业更容易提前获取信息并采取应对策略，降低自身面临的风险，进而提高科技创业绩效。

（三）运营风险管理对投资绩效存在影响

高正平、张兴巍（2011）认为基金产业经营风险对基金企业日常经营将造成影响，但基金企业的经营风险本就在产业共性的经营风险之外，还有自身的经营风险是基金企业能够承受的经营风险，是为了良好的经营而愿意积极承受的经营风险，并提出投资运营风险管理对于任何投资者来讲都极为重要。李祝启、陆和建（2022）认为政府对公共文化服务政社合作进行风险控制，有助于充分发挥政社合作模式优势，提升公共文化服务效能，实现可持续发展。张梅、杨丽丽（2022）通过研究提出合作社风险管理组合策略绩效水平要高于单一的风险管理策略；"多元化种植＋完全成本保险＋协议订单"组合策略是合作社最优的风险管理工具，其次是"多元化种植＋物化成本保险＋协议订单"组合策略和"多元化种植＋协议订单"组合策略，组合策略中多元化种植策略在一定程度上可以起到分散生产经营风险的目的。吴友（2023）提出，风险投资对所投企业的管理参与显著提升了企业创新产出与创新效率。

通过以上文献研究可以发现，关于企业风险管理与投资绩效之间关系的研究分析，大多数与本书结论有相似之处，表明本书的实证结果从理论上呼应了这些学者的研究。在产业投资基金运行时，投资机会识别和投资风险并存，如何抓住机会降低或者减少产业投资基金投资过程中的风险，成为投资活动需要关注的重要问题。产业投资基金公司的风险管理能力也引起投资者的普遍重视，其与资产规模、投资绩效等共同构成了评价公司实力的关键因素。严格的行业风险管理有利于公司形成合理的有纪律性的投资流程，是公司创造长期而稳健的投资收益的重要保证。产业投资基金公司必须以企业风险管理的基本制度和运营风险管理这两个维度为起点，充分发挥风险管理在公司运营流程中的关键作用，以支持公司在变化激烈的市场环境中和行业的特殊环境中长期稳健有序增长。

三、决策机制的中介效应探讨

决策机制在产业投资基金公司的投资机会识别、风险管理对投资绩效的影响过程中起到中介作用的结论，具有重要的现实指导意义。实证分析表明，决策机制起到部分中介的作用，即加强风险管理和获取更多投资机会识别不仅可以直接影响企业投资绩效的提升，还可以通过决策机制间接地促进产业投资基金公司投资绩效的提升。

对于"投资者的时间、精力和了解均面临着受限性，而投资者对风险和利益的期待普遍性偏高"这一现象，常振芳（2018）认为这说明如果缺少合理的投资决策机制，或者盲目参加投机的话，投资人就有可能产生过于自信或过分悲观这两种心态，会造成系统性风险问题的出现。在没有风险评估的前提下，投资是不可能发生的，任何投资活动也都是在风险评估的基础上决定的。所以，在对投资机会识别并充分掌握的前提下，投资收益预测是否真实和对于投资风险评估的可控制度（这需要有效的决策机制来实现）是每一种形式的投资做出决定的基本要求，同时也是投资能否成功的关键所在。胡磊、张强（2018）提出创业投资网络可以通过投资决策影响投资绩效，即投资决策可以作为中介变量。熊健、董晓林（2021）通过研究提出数字金融参与通过促进创业机会识别对农户创业决策产生正向影响。王妮、潘海英、吴雨濛、李蕊（2024）引入企业层面的创新投资决策作为机制变量，聚焦于企业创新投资决策的结构性特点，以创新投资决策为企业价值提升赋能。

  在现在的投资市场上，投资所面对的风险因素相比于传统金融市场来说更多元、更复杂，对投资收益影响较大的因素是市场预期、偏好、投机、舆论导向等，这就加大了风险强度。对于投资者来讲，投资风险评估受到决策机制影响，是决定投资与否最重要的基础。在有效的决策机制下，正确的决策选择会发挥风险管理的作用，进而为企业带来收益。此外，风险评估的可靠性和可控性决定了可承受总风险增加的程度。另外，可接受的损失风险的水平也决定着风险估计的准确性与可控性。所以，在合理的投资决策机制下，控制好投资风险就实现了投资收益。杨爱军、孟德锋（2012）认为评价基金的绩效不能简单地只考虑回报率而忽略风险，而应该在回报率与可承受的损失间加以取舍，以相应的投资决策体系确保基金既不过分承担风险也能合理激励保守资产，以便更加准确地反映基金的实际绩效状况。王惠庆、陈良华（2017）提出，风险的演变没有一条万能的道路能够驾驭。究其根本原因是，投资活动（变量）的利润预测永远高于对风险的预测，非理性因素总是占据投资实施过程的重要阶段，缺乏有效的决策机制。虽然投资者一般是危险厌恶型的，但往往在进行投资活动中对危险的判断关注度是不够的，对自己的活动依靠投机思想来进行控制，结果必然是亏多赚少。因此，当风险管理贯穿于投资全过程时，运用合理的投资决策机制探究和评估各种危险因素和事件是投资能否成功的关键，通过采取风险管理方法和监控手段来对投资损失及其产生过程的可控性进行评估，可以驾驭风险，实现最大的投资收益目的。陈翠霞、周明（2022）提出，如果保险公司具有风险厌恶与风险喜好的变化型风险态度，基于EUT效用理论下的最优决策结果得到的效用值远远比不上采用CPT效用理论下的最优决策得到的效用值。关于风险管理与决策的关系，陈庭强、沈嘉贤、王磊等（2023）构建了不同银行信用风险管理策略下信用风险传染和银行风险管理决策的共同动态演化模型。

显然，以上的分析在理论上支持了决策机制的中介效应观点。因此，产业投资基金公司在经营管理过程中要注重投资决策，构建完善的投资决策机制，促进有效的投资决策，进而获取大量投资回报。

四、投资环境的调节效应探讨

对于投资环境的调节作用，从实证检验的结果可以看出，投资环境在决策机制对投资绩效的影响过程中有显著的调节作用。投资环境作为调节变量的相关文献数量不多，因此其调节效应对于相关课题的研究具有重要的指导意义。

从投资机会识别对决策机制影响的过程来看，投资环境从中起到了调节的作用。投资环境是公司做出投资决策自始至终无法避免的考虑因素，从识别投资机会到做出决策进行投资，这个过程始终处于一定的投资环境中。从风险管理对决策机制的影响来看，投资环境从中起到了调节的作用。风险管理与公司的决策机制息息相关，不论是风险管理的过程，还是企业进行投资决策的过程，都是在一定的投资环境基础上做出决策或管理决定的。从决策机制对投资绩效的影响过程来看，投资环境从中起到了调节作用。从做出决策到产生绩效的过程，投资环境既影响实行决策的过程，也影响投资对公司的效益。也就是说，良好的投资环境能够使公司取得良好的绩效。

丁含、徐云、赵静（2021）提出内部治理环境具有调节效应，当内部治理环境较好时（代理成本较低、管理层权力较小），投资信息审计意见的正面作用得到提升、负面作用受到抑制，即环境具备一定的调节作用。庄新霞、欧忠辉等（2017）通过研究发现，风险投资对上市企业创新投入具有显著促进作用，风险投资对上市企业创新投入的促进作用在非国有企业和制度环境较好的地区更为明显。李梦雅、严太华（2019）认为良好的地区制度环境能够提高风险投资引致的额外研发投入的产出效率，增强风险投资的创新产出效应。邹志明、陈迅（2023）提出环境规制对我国技术创新及经济发展质量有显著的促进作用，并在 FDI 与经济发展质量之间具有正向调节作用。

显然，以上的分析在理论上支持了投资环境的调节效应观点。因此，产业投资基金公司在经营管理过程中，要注重所在地区的社会环境及经济环境，为投资创造良好的环境条件，争取尽可能多的资源，来辅助投资决策及提高投资绩效。

五、投资行为、资产配置、投资经验与投资绩效的关系探讨

本书选用投资行为、资产配置及投资经验作为控制变量，通过将 3 个变量分别与投资绩效进行回归分析，发现 3 个变量对投资绩效均有显著的正向影响。

刘星、刘理、窦炜（2014）研究发现，国有上市公司和非国有上市公司都拥有较高的投资—现金流敏感性，但表现在投资决策行为上各不相同，国有上市公司整体上呈现出过度投资，而非国有上市公司则表现出投资不足；相对大规模公司而言，小规模公司可能呈现出更高的投资—现金流敏感性，并呈现出投资不足的非效率投资行为，而大规模公司则更可能表现出过度投资的非效率投资行为。刘敏、冯丽娟（2015）通过研究发现，可以通过拉大高管内部薪酬差距促进企业采取积极的投资行为，而积极的投资行为有助于提高企业的投资水平。杨兴全、赵锐、杨征（2023）提出，央企集团高管变更通过抑制过度投资行为显著提升控股公司投资效率，并且这种提升作用在高管职务变更类型为晋升和降职的央企集团中更为明显。

解洪涛、周少甫（2008）对股票型基金资产配置集中度与投资绩效的关

系进行研究，发现行业资产配置过度集中给基金带来的损失大于收益，且较大的资产规模并没有给基金带来过高的收益。也就是说，不合理的资产配置不利于企业的绩效。李晓帆、陈伟忠（2018）提出，资产配置效率是影响投资组合绩效的关键因素，并通过研究发现国际投资者应当引入A股资产以提升投资组合风险收益比，A股投资者应引入国际资产以有效控制投资组合尾部风险。严子淳、王伟楠、王凯、张志伟（2023）研究发现，数字化转型对投资效率的提高可以通过降低代理成本及优化资源配置两条路径来实现。

奚玉芹、杨智良、金永红（2021）提出，风险投资机构的投资经验也是影响风险投资绩效的重要因素，同时投资经验在风险投资网络与投资绩效之间起到显著的正向调节作用。刘笑萍、蒋依鸣（2022）提出，中国制造业企业应重视总结与积累海外投资经验来提升经营管理水平。范琳琳、周铭山（2023）研究发现，在投资成效上，只有经验丰富的风险投资所投企业存活概率明显提高。

显然，以上分析支持了投资行为、资产配置及投资经验能够对投资绩效产生影响的观点。因此，产业投资基金在进行投资决策时，应采取理性的投资行为，尽可能合理地进行资产配置，并不断丰富其投资经验，以提高企业的投资绩效。

本章小结

本章对第二章提出的21个假设进行了实证检验。首先对量表变量展开了充分性验证、因子分析、效度和信度检验以及共线性诊断，确认各变量因子均满足回归分析条件后，又分别对理论模型中的直接效应、中介效应、调节效应相关假设逐一进行回归分析。

研究结果表明：第一，投资机会识别、风险管理（变量）能够促进投资绩效的提高；第二，投资机会识别、风险管理可以影响企业决策机制运行；第三，决策机制能够促进企业投资绩效的提高；第四，决策机制在投资机会识别、风险管理对投资绩效的影响过程中起中介作用；第五，投资环境在决策机制对投资绩效的影响过程中起调节作用；第六，投资行为、资产配置及投资经验均能影响企业的投资绩效。

最后，深入地分析和讨论了投资机会识别、风险管理、投资环境、决策机制、投资绩效、投资行为、资产配置及投资经验之间的相互关系及作用机理。

第六章

策略与建议

第六章　策略与建议

本章根据上述的研究结果提出相应的模式、路径与策略，并从政府、行业及产业投资基金 3 个层面提出建议。

第一节　模式、路径与策略

为进一步为产业投资基金提升投资绩效提供借鉴，本节从发展模式、实现路径及发展策略 3 个方面对产业投资基金的发展提出相应建议。

一、构建产业投资基金可持续发展模式

产业投资基金的发展有利于国民经济的发展，根据上述研究，本书提出产业投资基金的可持续发展模式，如图 6-1 所示。

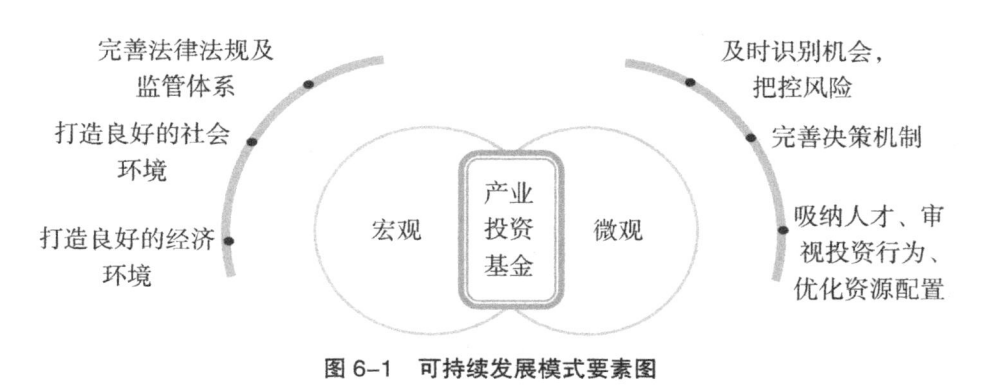

图 6-1　可持续发展模式要素图

第一，环境驱动模式。当前，我国正在经历一段高新技术、基础设施投资活跃的时期，投资主体既有政府，也有私营部门。一方面，国内高新技术、基础设施投资需求显著增长，而政府面临财政压力和职能转变，需要减少债务，并将投资风险转移到私营部门，同时相对较高的估值推动更多的资产转手，进而促进了较快的资本投入。另一方面，在需求作用下，资金被吸引到国内高新技术，尤其是基础设施行业，基础设施资产已成为具有长期投资等级、富有吸引力的固定收益产品，而且在宏观经济向好的情况下，股本投资将产生较高的股息收益，能充分利用杠杆实现增长，并与通货膨胀挂钩。这些都为我国私募股本投资创造了极好的机会，也为我国产业投资基金发展提供了良好的环境。

从市场环境来看，当前国内经济继续保持强劲增长，社会资金较为充裕，但投资渠道不畅，包括保险资金、社保资金在内的大资金集团，正积极寻找有稳定现金流回报而又能与其负债结构相匹配的项目投资。只要产业投资基金的回报和结构设计有足够的吸引力，就可以完成基金的募集。良好的投资环境对产业投资基金管理至关重要。

为此，产业投资基金可以构建环境驱动的可发展模式。首先，良好的投资环境为企业塑造了利于发展的环境，稳定的环境能够使企业更好地落地投资进而获得效益；其次，良好的投资环境能够为包括产业投资基金在内的各大行业输送人才提供支撑。

为构建环境驱动模式，产业投资基金及政府均应采取相应的策略。一方面，产业投资基金在选址及做出投资决策的时候应该考虑投资环境的优劣；另一方面，政府应该完善相应的法律法规及监管体系，打造良好的社会环境与经济环境。

第二，机制推动模式。"机制 + 产业"是产业投资基金的两大核心要素，这种引导作用体现在：一是扶持而不干预，尊重市场化运作；二是将产业布局引导到战略性新兴产业，依托当地产业环境，密切围绕战略新兴产业进行布局延伸。对于产业投资基金而言，企业的运行与发展离不开科学的决策机制，且企业要从投资项目中获得收益，必须要有一个科学的决策机制促使其做出正确的投资决策。

为了形成能够推动企业发展的机制，一方面，企业可以在实践中逐步建立自身的决策机制；另一方面，企业可以通过投资项目成果的反馈，不断改善相应的机制。

第三，人才优化模式。在架构、战略、目标、策略匹配的基础上，企业还需要进行能力的匹配，即激活产业投资基金管理需要进行人才优化。企业管理需要人才的加持，不论是投资机会的识别还是风险的管控，都需要拥有相应经验包括投资经验及风险管控经验的人才，对企业的管理进行把控。

为此，企业应该不断优化人才。产业投资基金进行人才优化要做"加减法"。"减法"是指基于产业投资基金的发展规划，减掉冗余部门、冗余岗位、冗余人员，确保团队在质量上没有冗余人员，提高人才密度，让所有人员的能力都能够匹配企业的发展和增长规划；"加法"是指对人才数量和质量的同步优化，将原本低效的部门、岗位和人员剔除后，需要补充优质人才，以促进企业发展。一方面，企业可以通过培训等方式提升现有员工的素质，提升对人才培养的重视度；另一方面，企业应该不断吸纳高素质人才，为企业发展注入新的活力。

二、打造产业投资基金发展实现路径

产业投资基金从开始投资到投资产生绩效，主要有两条实现路径，如图6-2所示。

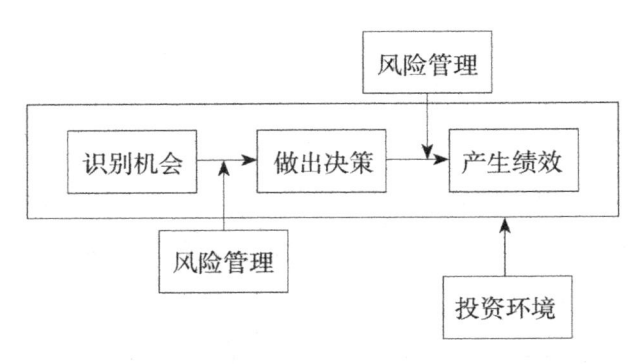

图 6-2　实现路径

路径一：投资机会识别在正确的决策机制作用下更好地提升投资绩效。

本书通过投资机会识别、决策机制与投资绩效的多元回归分析，得出决策机制在投资机会识别对投资绩效的影响过程中发挥部分中介作用的结论。也就是说，投资机会识别不仅可以直接促进投资绩效的提升，还可以通过决策机制来间接促进投资绩效的提升。一切投资活动都是基于利润预测，没有预测利润的投资活动是不存在的。因此，产业投资基金公司在投资管理中要利用决策机制分析投资机会识别的投资预期，进而对投资收益有比较准确的把握。

路径二：良好的投资环境能够促进决策机制正向影响投资绩效。

本书通过决策机制、投资环境与投资绩效的多元回归分析，得出投资环境在决策机制对投资绩效的影响过程中发挥调节作用的结论。也就是说，决策机制对投资绩效的作用受到投资环境的影响。良好的投资环境能够使产业投资基金的决策机制更好地发挥作用，促使企业做出尽可能多的正确的投资决策，从而促进投资绩效的增长。因此，产业投资基金在进行投资时应该充分洞察所处地域的投资环境，并充分把握环境带来的机遇，及时应对环境带来的挑战，进而使得企业有可观的投资收益。

路径三：风险管理能够更好地提升投资绩效。

本书通过风险管理与投资绩效的多元回归分析以及风险管理、决策机制与投资绩效的多元回归分析，得出风险管理能够直接或间接地促进企业的投资绩效的结论。也就是说，一方面，良好的风险管理能力能够直接促进投资绩效的提升，管控了风险，等于管控了投资过程中的不确定因素，更有利于投资行为的进行及产生绩效；另一方面，风险管理能够促进科学的决策机制的形成及实践，进而促使企业做出科学的投资决策，从而产生良好的投资绩效。

路径四：决策机制能够促进投资绩效的提升。

本书通过决策机制与投资绩效的多元回归分析，得出决策机制能够促进投资绩效提升的结论。科学的决策机制包括了好的组织结构以及合理的议事制度，经过实践不断优化的产业投资基金的决策机制，一方面能够帮助企业提高做出正确决策的可能性，另一方面可以提高企业的运行效率，进而提高企业的投资绩效。

三、实施产业投资基金发展策略

（一）有效识别投资机会

实证分析表明，投资机会识别对产业投资基金公司的决策机制和投资绩效有正向影响。产业投资基金公司通过合理、有效地利用社会资源，挖掘并识别投资机会，提高自身投资水平，增加投资的质量，实现自身高质量发展和持续发展。因此，有效识别投资机会是绩效增长的出发点。投资机会识别对投资绩效的影响主要表现在以下几个方面。

第一，抓住投资机会，企业便能获得发展先机。当今社会，信息的传递效率非常之快，对于突发性事件市场能够很快地做出反应。但即便互联网再发达，市场仍旧会有盲点出现，同样，当机会来临的时候，往往只有少数人意识到它意味着什么。产业投资基金公司依靠灵敏的嗅觉和准确的判断，可以充分识别投资机会并走在市场的前面，获得投资收入。

第二，投资机会的稀缺性决定了其具有价值。投资的本质是赚企业成长的钱，好的投资项目会不断成长，让投资不断翻倍。但好的投资项目并不是普遍存在的，在庞大的投资市场中，机会不是时常都存在的，而是异常稀缺的。

第三，识别投资机会往往需要具备敏锐的洞察力。投资机会识别对产业投资基金管理人提出了较高的专业素质要求。这一要求会倒逼基金管理人整体素质的提高以及持续的能力素养培训，进而促进日常管理工作的改进和完善，从而有效促进投资绩效的增长。

（二）增强风险管理体系建设

实证分析表明，风险管理对产业投资基金公司的决策机制和投资绩效有正向影响。在当前的社会条件和市场经济环境背景下，如何合理地确定投资活动中的风险因素，以及在确定目标的情况下正确地提出切实可行的投资风险处理方法，是我国产业投资基金公司所关心的问题。因此，增强风险管理体系建设是投资绩效提升的基础保障。风险管理对投资绩效的影响主要表现在以下几个方面。

一是风险管理有助于总结并获取投资经验。风险模型可以帮助产业投资基金公司评价投资情况，科学评价收益的来源。

二是风险管理可以降低投资的风险率。通过风险管理，可以合理有效地调整投资，使经营风险减至最低限度，创造更多的收益可能，从而达到减少投资损失的目的。

三是风险管理有助于产业投资基金公司进行正确的投资决策。公司在投资操作过程中，会由于疏忽而导致损失，适当的风险管理措施能够减少持续损失的可能性。

为此，产业投资基金公司要加强风险管理体系的建设，以风险管理为基石，采用风险管理手段有效地减少投资风险，提高投资收益。

（三）推进决策机制发展

实证分析表明，决策机制在产业投资基金公司的投资机会识别、风险管理对投资绩效影响过程中具有中介作用。事实上，投资市场是在投资者逐利驱使下进行的信息博弈，尽可能多地获取并处理博弈信息是产业投资基金企业做好风险分析的基本要求，通过信息做出正确的投资决策，可以充分增强对风险分析评价的准确度，从而防范投资风险，提高投资收益。因此，推进决策机制发展是产业投资基金公司寻求有效发展的一大突破口。

第一，推进决策机制能完善管理工作。按照基金发展的经验，基金管理企业要想实现基金运营的科学化和稳健性，就需要形成一个理性、高效的投资决策机构。这个决策机构又可以称为企业投资决策委员会，是企业的非常设组织，通常由企业董事长、分管投资的副总经理、投资主管、开发主任、贸易主管和相关人员构成，董事长也担任公司投资委员职务，监督员不列席会议。

第二，推进决策机制能提高投资质量。为进一步提高投资决策的科学水平和运作效率，基金公司常设投资委员会，以此推进公司决策机制的建设。投资委员会的主要职责是对投资的适当时机进行全面的判断，主要业务是制定投资方针、投资目标以及投资组合策略，实现基金资产的保值增值。

第二节 研究建议

基于以上研究，本书从政府、行业和产业投资基金公司3个层面提出具体的建议。

一、对政府的建议

产业投资基金作为一种股权融资方式，相比于普通的投资方式具有操作灵活、准入壁垒较少、范围广泛的优势，其范围的拓展则更加加大了产业投资基金对于经营风险的抵抗能力。但是，在我国产业投资基金的建设发展过程中还是存在不少问题，因此必须进行更加及时有效的管理，在这一过程中，政府扮演着重要角色，其需要做到以下几点。

（一）调动投资的自主决策，提高投资者收益

政府部门应充分发挥自身在市场经济发展中的引领作用，尽量采用现代企业管理方式进行政府资金运营管理，并引导产业投资基金职能逐步归位。一是政府部门要引领产业发展，严格遵守市场规律与发展政策，不直接主导产业投资基金运营，使产业投资公司逐步走向市场化运营，等被投资公司发展完善后进行退市，使政府投资部门逐渐占据主导而不是绝对主导地位，从而充分发挥产业基金对市场的带动作用，促进由居民储蓄向投资的转变。二是不要把产业投资基金仅仅定位于投资产业，也不能做出将产业投资基金投资于公共服务、基础设施建设等领域的行政性指示，而应由基金管理公司依

据业务能力、资产结构状况以及基金投资宗旨选定投资领域。

财政资金应加快完善产业投资基金募集、投入、使用和退出等全过程绩效评价体系，严格进行投资评价，充分让利社会资本并明确政府的资金与社会资本之间的让利优惠程度。

（二）完善法律体系，减少投资环境风险

针对产业投资基金管理法律机制与监管机制不完善的情况，必须促使新的投资管理法律法规贯彻落实，同时相关机构必须全面重视起来，促进管理体系和规章制度的调整与更新。

首先，推动管理制度落地。伴随着《关于规范金融机构资产管理业务的指导意见》（资管新规）的落地，对合格投资人的准入门槛逐渐提高，使投资者规模得以合理调控，产业性投资机构无序发展的问题也将大为减少，降低了投资风险。在产业投资基金长远发展方面，资管新规的实行也能够减少资产同质化的现象，并进行对市场资源的优化分配，使盈余资本可以被更精准地投放在急需资金的产业中，实现募集机制的规范化，减少了资金募集过程中的不确定性。

其次，要完善法律法规和监管体系。一是形成以保障投资者利益为基础的规章制度；二是严格控制和严厉打击非法集资等不法行为，以加强投资者理性参与氛围。此外，技术进步也在一定程度上加强了对投资基金业的监管，进而促使投资基金业的规范运行，帮助资金管理人建立起有效的风险机制。

（三）因地制宜设立，增加投资机会识别

产业投资发展不平衡问题存在的根源是不同地区之间经济发展的不平衡，所以，各政府部门必须根据地方的实际状况，适当设置地方产业投资基金。从全国角度来看，更应该重视因地制宜，适度放权以增强不同地方优惠政策实施的科学性，充分利用当地特有的产业条件，发挥比较优势，适当建立相

应的地方产业投资基金，为当地特色产业的发展提供有效扶持。

二、对行业的建议

各基金公司对行业的风险和公司的基础风险都有比较清晰的认知，但由于基金产品的不断更新、各类新行业的产生及其日趋加重的竞争，要求基金公司不但要应对新行业中存在的投资、经营、合规风险以及市场环境与决策风险等，而且如何应对新环境下企业可能遇到的机会和如何迎接挑战，又成为新的问题。对上述问题加以有效管理，迅速识别新的风险，紧紧抓住全新市场环境下的投资机遇，这需要行业共同的努力。

第一，建立行业自律监管组织和自律监管制度。通过行业自律管理组织和自律监管制度的建立，促进企业行为的自觉性、合理性和规范化，从而促进商品交易在诚信的信用体系中发展。

第二，改革监管手段、市场结构。针对目前我国基金管理机构市场风险管理存在的诸多弊端，业内需要在监管手段、市场结构等方面进行深化改革，以提升业内风险管理能力，进而全面改善基金机构经营管理能力和水平，最终促进行业的稳健发展。

三、对公司的建议

随着我国经济转型升级的深入、投融资体系创新发展和资本基金管理有关规定的进一步规范，产业基金得到较快发展。目前政府产业基金正从前几年的爆发式增长步入平稳发展阶段，而上市公司和企业产业基金设立步伐开始放缓。政府产业基金规模不断扩大的同时，也存在着募资困难大、资金运用效益差、市场化运行机制不健全等亟待解决的问题。与政府产业基金相比，上市公司和企业产业基金的市场化程度和效率一般更高，但也存在法律制度有待健全、资金来源少、专业管理不足、退出机制不完善等问题。对此，产业投资基金公司需要从自身建设出发，有效解决以上问题，实现投资绩效的增长。

（一）完善风险管理体系，降低风险损失

风险管理体系的构建需要基于特定的基本原则，并逐步完善风险管理架构，从而实现有效的风险管理。

第一，遵循风险管理体系构建的五项基本原则。

一是危机先行。为了确保在危机控制和法律规范的情况下开展项目经营和企业运作，必须构建危机管理体系和企业内部的危机控制环境，使危机意识贯彻到企业所有人员、各个部门工作和企业所有经营行为中；当出现可能的危险点，企业一线的管理人员必须能够有效地识别，并针对自身的工作职责做出报告；在创新项目实施过程中，业务部门必须能够全面梳理项目的危险点，由管理层对危险点做出评估，使之成为该项目能否进行的重要决策基础。

二是能力控制。各职能部门和岗位应当责任明确、相互独立、彼此控制，保持其独立性和权威性，使其有效地开展岗位工作。

三是全面管理。企业风险管理必须覆盖所有行业、各个部门、各级人员，健全和落实涉及全员的职业守则教育和相关专业培训制度，保证全员都具有过硬的职业胜任力和良好的职业操守。

四是适时适用。随着内外部环境的改变，要及时适当地改变、补充、调整和完善风险管理和风险指标；为了能够认真分析各种风险事件，借鉴成功经验和教训，要不断完善风险管理体系，设立风险事件学习机制。

五是科学指标。为了达到投资风险事前配置和预警、事中即时监测、事后评价与反馈的全程嵌入式投资风险管理的效果，必须采用科学可行的投资风险指标和模式进行细致的分析和测算。

第二，完善风险管理架构。根据产业的风险特点以及基金公司的风险状况，产业投资基金公司一般应当设有风险管理部门；根据基金公司当前存在的以及新的市场环境下的经营风险选择，产业投资基金公司应当将风险控制作为一项日常业务，贯彻于各个业务管理岗位和一线工作人员。根据这些基本规则，产业投资基金公司如果要形成有效的经营风险机制，就需要做到以下几点。

一是在董事会成立风险控制与评估专门委员会，对企业运作管理和资金运营开展全方位有计划的调查考察，判断其可能存在的风险，并提出完善的对策。

二是设立监督长，监督与检验企业的内部风险管理状况，同时关注于公司的规范与风险意识，以促进公司风险管理能力的提高与规范文化的形成；定期及不定期地向全体股东提交工作汇报，并在股东和董事长下设的各特别委员会定期会议上汇报基金管理和企业运营的合法合规状况和企业内部风险管理状况等。

三是设立董事长领导下的风险管理委员会，对企业的运营活动以及基金运营中的经营风险进行充分的调研、分析、判断，建立具体的风险管理体系和监督制度，充分、准确、合理地预警企业运作活动中可能存在的各类经营风险。

（二）深挖投资机会识别，建立科学的决策机制

由实证结果可知，产业投资基金公司的投资机会识别既可直接对投资绩效产生影响，也可通过决策机制间接影响投资绩效。因此，投资机会识别与投资决策是其投资绩效提升的两大重要抓手。

第一，通过行业研究寻找投资机会识别。投资需要足够专业、足够扎实的行业研究，需要有产业背景的专业人才。具备相关产业背景的人才对产业趋势的敏感度较强，相反，后知后觉的企业往往无法获得投资先机。

第二，推进决策机制科学化。预防投资风险的重点方面应该是可分散的风险，而对可分散风险的有效防范方式则应当是合理的投资决策，也就是通过合理而准确的方式选择投资目标。为了实现这一目的，必须严格规范决策程序。科学合理的决策程序，需要包含项目计划的提出、可行性研究（不仅仅包括财务数据可行性分析，还包括科技可行性分析、经济可行性分析等）、项目选择、组织与执行以及相应的处理措施等。

● 本章小结

本章对本研究所得出的模式、路径与策略进行总结，提出构建产业投资基金可持续模式，打造产业投资基金发展实现路径，并实施产业投资基金发展策略。此外，从政府、行业及公司3个层面提出相应的建议，以期构建企业可实践的实施方案。

第七章

结论与展望

本章在前面章节的研究基础上，阐述本书在调查研究、理论分析和变量选取等方面的不足之处，并基于此对未来的研究进行了展望。

第一节 研究结论

产业投资基金公司投资回报作为当下较为热门的研究方向，受到众多学者的关注。但是，现有研究较少考虑投资机会识别、风险管理对产业投资基金公司投资绩效的影响作用，也忽略了这一关系中决策机制的中介作用，以及投资环境在决策机制对投资绩效影响过程中的调节作用，故本书通过文献分析和实证研究构建了"投资机会识别和风险管理—决策机制—投资环境—投资绩效"的理论框架，在整理分析前人研究的基础上进行创新与突破。通过探索性案例分析与实证分析，可以得到以下结果。

（一）投资机会识别是投资绩效的前提和基础

通过投资机会识别与投资绩效的相关分析和多元回归分析，充分说明了投资机会识别与投资绩效之间存在正向关系。其中，投资机会识别的投资能力维度、机会识别维度对投资绩效存在显著的正向影响。随着投资主体的多元化，加上资本能力的不同，必然会引起产业基金投资主体的激烈竞争，寻求投资机会识别成为市场竞争的第一个环节。产业投资基金公司要想获得发展，一方面要持续地提高企业识别投资机会能力、管理风险能力和判断风险的能力，才有机会提高企业利润；另一方面要增强对周围环节的机会识别，结合企业的投资目标和经营环境，争取利润最大化，提高投资绩效。

（二）风险管理是投资绩效的保障

通过风险管理与投资绩效的相关分析和多元回归分析，充分说明了风险管理与投资绩效之间存在正向关系。其中，风险管理的市场风险管理维度和运营风险管理维度都对企业的投资绩效存在显著的正向影响。但在现代的风险管理中，其考虑条件错综复杂，宏观上受政治、经济、社会、科技的历史变迁的冲击，微观上受政府、市场等方面的影响。因此，投资项目通常存在大量的不确定性因素，投资者在投资之前还必须要对各类风险进行了解。唯有全面剖析这些风险产生的原因及危害结果，并探索基于当期状况下的风险评估与判断方式，合理实施风险评估与控制，以增强风险管理的准确性，方可合理地回避风险，进而获得最大的投资收益。

（三）投资机会识别是决策机制的资源与动力

通过投资机会识别与决策机制的相关分析和多元回归分析，充分说明了投资机会识别与决策机制之间存在正向关系。其中，投资机会识别的投资能力维度、机会识别维度对决策机制存在显著的正向影响。对于产业投资基金公司而言，投资机会识别一直以来都是决定企业收益的关键指标。一般而言，期望投资收益高的产业投资基金公司对市场上的投资机会较为敏感，往往会大范围地寻找可行的投资。但投资机会存在于市场环境中，每时每刻都在动态地发生变化，任何企业都难以科学地掌握，而且各种投资项目的投资收益和投资风险也是不一样的。投资风险小，其收益水平低；收益水平高的，企业的投资风险也较大一些。为保障投资的损失降到最小，重视投资机会识别挖掘的企业也较为重视投资决策机制。

（四）风险管理规范决策机制

风险管理与决策机制的相关分析和多元回归分析，充分说明了风险管理与决策机制之间存在正向关系。其中，风险管理的市场风险管理维度和运营风险管理维度都对决策机制存在显著的正向影响。投资的风险可能左右企业未来的前途和命运。产业投资基金的投资决策机制及其风险管理问题都应该提到企业管理的日程上，通过建立与企业资源能力相配套的风险管理机制，从市场风险管理和经营风险管理两方面入手，主动应对社会变化，积极改革企业以往的经营发展管理模式，练好内功、特色经营，加速推进企业的投资决策机制，才能实现企业的可持续发展，使企业的整体投资收益与投资风险保持在最好的水准上。

（五）决策机制是提高投资绩效的关键助力

决策机制对投资绩效的相关分析和多元回归分析，充分说明了决策机制与投资绩效之间存在正向关系。其中，决策机制的组织结构维度和议事制度维度均与投资绩效呈显著正相关关系。投资决策正确性决定了资本的运用效果，直接关系到公司的成长。产业投资基金公司在寻找投资机会和进行风险管控的过程中，需要分别推进投资决策机制，进一步提高投资决策的准确性，为自身谋求长远的经济效益和社会生态效益。

（六）投资机会识别在正确的决策机制作用下，能够更好地提升投资绩效

通过风险管理、决策机制与投资绩效的多元回归分析，充分说明了决策机制在投资机会识别对投资绩效的影响过程中发挥部分中介作用。也就是说，投资机会识别不仅可以直接促进投资绩效的提升，还可以通过决策机制来间接促进投资绩效的提升。一切投资活动都是基于利润预测，没有预测利润的

投资活动是不存在的。因此，产业投资基金公司在投资管理中要利用决策机制分析投资机会识别的投资预期，进而对投资收益有比较准确的把握。

（七）风险管理融入决策机制，有助于做出正确决策，提高投资绩效

通过风险管理、决策机制与投资绩效的多元回归分析，充分说明了决策机制（中介变量）通过风险管理对投资绩效产生间接影响作用。也就是说，风险管理不仅可以直接影响企业投资绩效的提升，还可以通过决策机制间接地促进投资绩效的提升。决策机制会影响投资风险管理时关注的风险控制重点以及风险评估方式选择，使公司在寻求收益最大化的同时提高对损失最小化的关注。通过有效的判断机制对企业选择项目的风险做出判断，能够合理地回避经营风险，正确地进行投资决策，达到预定的效果。因此，产业投资基金公司要充分了解项目风险，做好应对风险的决策和控制工作，这样才能有效获得投资绩效。

（八）良好的投资环境能够促进决策机制正向影响投资绩效

通过决策机制、投资环境与投资绩效的多元回归分析，充分说明了投资环境在决策机制对投资绩效的影响过程中存在调节作用。也就是说，决策机制对投资绩效的作用，受到投资环境的影响。良好的投资环境能够使产业投资基金的决策机制更好地发挥作用，促使企业做出尽可能多的正确的投资决策，从而促进投资绩效的增长。因此，产业投资基金在进行投资时应该充分洞察所处地域的投资环境，并充分把握环境带来的机遇，及时应对环境带来的挑战，从而使企业获得可观的投资收益。

第二节 研究的不足

本书的研究对象是产业投资基金公司,通过构建"投资机会识别和风险管理—决策机制—投资环境—投资绩效"的研究模型,进一步分析各个变量间的内在关系以及投资机会识别、风险管理对企业投资绩效影响的内在机制。本研究虽然具有一定的现实意义和研究价值,但由于主客观条件的限制,还存在一些问题与不足,待今后研究中规避和改善。

第一,在调查研究方面。首先,现有研究缺乏对投资机会识别、风险管理、决策机制、投资环境的量表开发,投资机会识别、风险管理、决策机制、投资环境量表的内容还有待丰富。其次,问卷问题主要涉及投资机会识别、风险管理、决策机制、投资环境、投资绩效、投资行为、资产配置及投资经验等方面的专业知识,非管理学、经济学专业的问卷填写者可能无法理解问卷内容或者理解出现偏差,造成填写的答案有偏差,不能准确地反映产业投资基金公司的实际情况。最后,问卷数据主要是通过网络对我国产业投资基金公司进行调查而得到的,选取的对象较为随机,虽然所获得的样本量基本满足了研究需要且通过了信度和效度检验,但我国产业投资基金公司分布的地域在经济发展水平和文化背景等方面差异较大,可能会造成收集到的数据存在一定的差异。

第二,在理论分析方面。本书在对"投资机会识别和风险管理—决策机制—投资绩效"模型进行分析时,有个别理论和相关概念的解释还不够深入。此外,对于投资组合理论、风险管理理论、企业投资理论、委托代理理论等理论的理解还有待进一步深入,分析的逻辑性还有待加强;对国内外学者在投资机会识别、风险管理、决策机制、投资环境、投资绩效等领域研究的相关文献的归纳和总结还不够全面,对相关文献的了解还有待进一步加强。

第三,在变量选取方面。在关于产业投资基金公司的研究中,本书采用投资机会识别、风险管理作为自变量,决策机制作为中介变量,投资环境作为调节变量,控制行为、资产配置及投资经验作为控制变量,虽然在一定程度上完善了对产业投资基金的投资绩效的相关研究,为提高产业投资基金的投资绩效提供了一定的建议,但事实上还存在其他的变量也会对整个模型产生影响,比如内部控制、技术创新等。本书仅选择上述7个变量作为研究投资绩效的变量,在一定程度上影响了模型的拟合性以及分析结果的精度。

第三节 未来展望

在我国经济发展步入新常态的大背景下,全国各地都积极建立产业投资基金,使产业投资基金成为经济结构调整、生产方式提升、资金通道拓展的关键工具。因此,产业投资基金也受到众多学者的关注。但知网中关于决策机制和投资机会识别相关的论文较为缺乏,产业投资基金相关的文献还有待丰富,产业投资基金投资机会识别、风险管理、决策机制对投资绩效的影响还有待进一步深入研究。除此以外,对于本领域的研究还有以下几点展望。

第一,产业投资基金公司的管理特性研究。在研究产业投资基金管理的基本理论方面,专家和学者们大多是概括研究投资基金管理在各个方面的经济特征,而具体研究投资基金管理特征以及对投资绩效方面的综合研究成果相对较少。国外的许多专家则更倾向于研究投资者和投资家或者融资家和创业者相互之间的联系,而忽视了投资基金团队的投资机会识别和决策机制的研究。另外，在风险研究中，因为不同的风险可以导致多种不同的失败结果，所以产业投资机构进行风险管理时必须充分考虑不同风险之间的关联性，而目前对于如何正确地辨识风险因素的相互关联性以及影响后果，从而对风险因素做出合理评价，尚有较大的研究空间。因此，产业投资基金投资机会识别、风险管理、决策机制等管理特性将是后续值得探究的议题。

第二，调查问卷和理论分析方面。在调查问卷方面，后续的研究中可以尽可能地扩大样本的调查规模，增加样本容量；另外，要注重工作人员和问卷填写者的专业素质，以保证样本数据的质量。在理论分析方面，对投资机会识别、风险管理、决策机制等相关变量概念的解释不够准确，对于各个变量间关系的论述和维度划分还有待进一步丰富，后续的研究要扩大文献检索范围，进一步丰富相关的理论知识和文献综述。

第三，变量选取和研究工具方面。未来的研究可以考虑引入技术创新、企业家能力等相关变量，使构建的模型更加完善，研究得出的结论更加全面和更具有说服力。另外，关于产业投资基金的研究大多是纯文字的介绍，模型的实际应用与引入很少。对此，后续在研究产业投资基金公司（主体）时，可以考虑通过建立起可视化的数学模型，利用结构方程模型、时间序列分析、面板数据回归分析等方法对企业决策机制展开研究；也可以利用产业投资基金公司财务报表中关于投资绩效等的相关数据进行分析，使得用于分析的数据更加客观准确，有效避免问卷填写者的主观性。

总之，后续的研究思路并不限于此，关于产业投资基金公司的研究课题还有更多、更广的领域可供发掘。

● 本章小结

本章通过总结本书的研究结果归纳相应的研究结论，并阐述了本书研究的不足之处及对未来的展望。其中，主要从调查研究、理论分析及变量选取3个方面来阐述本书研究的不足之处，并从产业投资基金公司的管理特性研究、调查问卷和理论分析、变量选取和研究工具3个方面对研究的未来方向进行了展望。

参考文献

[1] 敖世友. 基于管理熵的企业风险评价模型研究 [J]. 求索，2011（2）：24-25+33.

[2] 蔡卫星，赵峰，曾诚. 政治关系、地区经济增长与企业投资行为 [J]. 金融研究，2011（4）：13.

[3] 陈其安，许媛. 金融资产配置行为与企业经营绩效：来自中国非金融类上市公司的经验证据 [J]. 重庆大学学报（社会科学版），2023，29（4）：77-90.

[4] 陈其安，朱敏，赖琴云. 基于投资者情绪的投资组合模型研究 [J]. 中国管理科学，2012，20（3）：47-56.

[5] 操武. 风险投资管理投入与创业企业技术商业化绩效 [J]. 中南财经政法大学学报，2020（5）：147-156.

[6] 陈翠霞，周明. 累积前景理论下的保险公司最优资产配置和风险管理决策——以寿险公司为例 [J]. 保险研究，2022（11）：32-45.

[7] 陈其安，唐书香. 党委党组"讨论前置"决策机制能提高国有企业绩效吗？——基于准自然实验的研究 [J]. 外国经济与管理，2022，44（12）：3-18.

[8] 陈庭强，沈嘉贤，王磊，等. 基于信用风险传染的银行风险管理决策动态演化研究 [J]. 系统工程理论与实践，2023，43（12）：3461-3490.

[9] 陈晓红，唐立新，余玉刚，等.全球变局下的风险管理研究[J].管理科学学报，2021，24（8）：115-124.

[10] 常振芳.投资者有限参与对收益和风险影响的实证[J].统计与决策，2018，34（10）：162-166.

[11] 陈见丽.风险投资能促进高新技术企业的技术创新吗？——基于中国创业板上市公司的经验证据[J].经济管理，2011，33（2）：71-77.

[12] 陈小新，陈伟忠.中国证券市场中动态资产配置绩效的实证分析[J].同济大学学报（自然科学版），2007（10）：1430-1434.

[13] 陈晓红，刘剑.不同成长阶段下中小企业融资方式选择研究[J].管理工程学报，2006（1）：1-6.

[14] 陈燕飞，魏亚平.文化创意企业管理者特征与研发投资决策研究[J].财经问题研究，2014（S2）：112-116.

[15] 丁含，徐云，赵静.投资信息审计意见可以提高公司投资效率吗？——基于公司内部治理环境的调节效应[J].审计与经济研究，2021，36（1）：37-47.

[16] 邓大松，薛惠元.社会保障风险管理国际比较分析[J].学习与实践，2011（2）：110-120.

[17] 邓留保，杨桂元.风险约束下基于绩效的委托资产管理报酬结构研究[J].统计与决策，2011（1）：71-73.

[18] 丁含，徐云，赵静.投资信息审计意见可以提高公司投资效率吗？——基于公司内部治理环境的调节效应[J].审计与经济研究，2021，36（1）：37-47.

[19] 丁杰，曾燕，李悦雷，等.金融投资中的教育溢价及其性别异质性——基于P2P网贷投资的实证检验[J].中国管理科学，2019，27（10）：1-11.

[20] 段世霞，扈文秀.基于实物期权的企业价值创造[J].统计与决策，

2010（17）：177-178.

[21] 范琳琳，周铭山. 风险投资经验、投资行为与初创科技企业存活——基于风险投资税收优惠的准自然试验[J]. 管理科学学报，2023，26（12）：135-154.

[22] 丰景春，杨峰，张可，等. 基于灰靶决策理论的PPP项目政企匹配模型研究[J]. 管理现代化，2017，37（5）：57-60.

[23] 冯建，王丹. 货币政策紧缩、资产配置与企业绩效[J]. 宏观经济研究，2013（6）：21-28.

[24] 付丽媛，常健. 风险决策中主张分歧的原因及其管理路径[J]. 南开学报（哲学社会科学版），2022（3）：173-182.

[25] 范龙振，唐国兴. 投资机会价值的期权评价方法[J]. 管理工程学报，2000（4）：34-37+3.

[26] 高正平，张兴巍. 私募股权投资基金价值实现的机制设计——基于行业典型特征的研究综述[J]. 经济与管理研究，2011（2）：103-110.

[27] 苟燕楠，董静. 风险投资进入时机对企业技术创新的影响研究[J]. 中国软科学，2013（3）：132-140.

[28] 顾海峰，杨立翔. 互联网金融与银行风险承担：基于中国银行业的证据[J]. 世界经济，2018，41（10）：75-100.

[29] 郭健. 公路基础设施PPP项目交通量风险分担策略研究[J]. 管理评论，2013，25（7）：11-19+37.

[30] 郭立新，陈传明. 企业家社会资本对企业战略决策质量的影响：以决策理性为中介——基于中国企业的实证研究[J]. 经济管理，2014，36（12）：41-50.

[31] 郭海，沈睿. 如何将创业机会转化为企业绩效——商业模式创新的中介作用及市场环境的调节作用[J]. 经济理论与经济管理，2014（3）：70-83.

[32] 郭立新，陈传明. 企业家社会资本与企业绩效——以战略决策质量为

中介[J]. 经济管理，2011，33（12）：43-51.

[33] 郭守亭，王芳. 基于合作竞争模型的企业协同创新决策机制研究[J]. 宏观经济研究，2019（1）：137-144.

[34] 胡渊，杨勇. 财政支出、投资环境与FDI地区分布[J]. 宏观经济研究，2021（9）：73-85.

[35] 黄静，高飞. 基金投资行为与投资绩效实证研究[J]. 证券市场导报，2005（2）：23-27.

[36] 高江藤. Copula模型与多资产投资组合VaR预测[J]. 数理统计与管理，2013，32（2）：247-258.

[37] 何超，李延喜，李翘楚，等. 不确定性感知视角下企业跨国投资决策研究：基于企业年报文本的分析[J]. 世界经济研究，2022（7）：59-75+136.

[38] 贺晟，孙烽. 融资体系流动性风险管理的功能差异与经济增长[J]. 世界经济，2002（11）：67-72.

[39] 贺正楚，任宇新，王京，等. 产业投资基金对技术创新的影响：芯片企业的实证研究[J]. 湖南大学学报（社会科学版），2024，38（1）：60-69.

[40] 胡鞍钢，马伟，王一丁，等. 青海省投资环境研究[J]. 青海社会科学，2010（3）：18-22.

[41] 胡磊，张强. 创业投资网络对投资绩效的影响研究——基于投资决策的中介效应检验[J]. 财经理论与实践，2018，39（5）：44-50.

[42] 黄昌富，莫停. 控制类型差异、企业投资行为与企业绩效——中国上市家族企业的经验分析与实证检验[J]. 现代财经（天津财经大学学报），2016，36（8）：56-66.

[43] 黄建兵，宁静鞭，於颖华. 我国上市公司风险管理决策的实证研究[J]. 经济管理，2008（12）：4-9.

[44] 黄伟娟，李尚蒲. 数字化转型、高管认知能力与企业投资效率研究[J]. 科学决策，2023（3）：83-98.

[45] 惠龙，覃正，张烨霞. 一种基于过程的动态联盟技术创新系统组织结构及决策机制 [J]. 科学管理研究，2004（2）：14-16+40.

[46] 侯贵生，神琪，宋于心. 基于双重委托代理理论的创新补贴"内卷"研究 [J]. 商业研究，2022（3）：12-23.

[47] 贺璇. 新型研发机构的发展困境与政策支持路径研究 [J]. 科学管理研究，2019，37（6）：41-47.

[48] 贾康，石英华. 我国财政投资支出绩效综合评价框架探讨——基于从宏观决策到项目全周期的通盘视野 [J]. 财贸经济，2011（11）：44-50+137.

[49] 靳庆鲁，侯青川，李刚，等. 放松卖空管制、公司投资决策与期权价值 [J]. 经济研究，2015，50（10）：76-88.

[50] 金晓燕，任广乾，王意通. 党组织讨论前置决策机制对国有企业绩效提升的影响研究 [J]. 北京工商大学学报（社会科学版），2022，37（6）：47-59.

[51] 金雪军，赵治辉. 政府创业投资绩效评价和风险测度研究进展 [J]. 软科学，2014，28（5）：20-23.

[52] 孔丹丹，汪发元，张东晴. 科技创新、外商投资与对外开放水平——基于安徽省的实证 [J]. 统计与决策，2022，38（24）：103-106.

[53] 刘敏，冯丽娟. 高管内部薪酬差距、投资行为与企业绩效——以中国制造业 A 股上市企业为例 [J]. 科学决策，2015（10）：66-81.

[54] 黎绍凯，全诗凡，张广来. 企业对外投资行为能否改善我国要素市场扭曲：理论分析与机制检验 [J]. 贵州财经大学学报，2020（1）：47-58.

[55] 李炳堃. 国资改革与混合所有制——基于委托代理理论视角 [J]. 经济问题，2017（12）：60-64.

[56] 李鹏虎，王传毅. 委托代理理论视域下高校自设交叉学科政策执行研究：偏差、成因及治理机制 [J]. 清华大学教育研究，2024，45（2）：126-134.

[57] 李齐，曹胜，吴文怡. 中国治理数字化转型的系统论阐释：样态和路

径 [J]. 中国行政管理，2020（10）：44-51.

[58] 李天庚. 企业风险管理及控制模型研究 [J]. 郑州大学学报（哲学社会科学版），2004（1）：89-93.

[59] 李献刚. 企业财务管理风险决策分析 [J]. 统计与决策，2014（23）：183-185.

[60] 李新丽，程俊，万寿义. 制度脆弱性与企业风险承担水平：损失规避还是机遇寻求 [J]. 现代财经（天津财经大学学报），2021，41（4）：83-100.

[61] 李正图. 新制度经济学委托代理理论视野的拓展 [J]. 经济理论与经济管理，2020（6）：21-38.

[62] 李祝启，陆和建. 我国公共文化服务政社合作供给和运营全流程风险控制研究——基于 PDCA 方法的分析 [J]. 图书馆建设，2022（6）：137-147.

[63] 梁莹莹. 中国物流企业对外直接投资绩效影响机理与传导路径——基于制度环境和金融发展的双调节效应 [J]. 中央财经大学学报，2017（9）：89-99.

[64] 刘进，揭筱纹. 基于环境互动的企业家战略领导能力与决策机制研究——一个新的战略绩效整合模型 [J]. 科技进步与对策，2011，28（22）：140-145.

[65] 刘进，揭筱纹. 企业家战略领导能力、战略决策机制与企业绩效关系的实证研究 [J]. 经济经纬，2012（6）：87-91.

[66] 刘军荣. 经济波动对投资环境的影响研究 [J]. 统计与决策，2019，35（22）：163-166.

[67] 刘倩，李富佳，庄岩，等. 蒙古国省级行政单元投资环境评价与投资对策研究 [J]. 地理研究，2021，40（11）：3046-3062.

[68] 刘润芳，鲁玲. 陕西省投资环境的模糊综合评价 [J]. 商业研究，2007（6）：211-213.

[69] 刘书兰，王蒙，漆俊美. 绿色投资、融资约束与企业财务绩效——来

自能源行业上市企业的经验证据[J]. 统计与决策，2024，40（6）：172-177.

[70] 刘笑萍，蒋依鸣. 中国制造业企业海外多元化投资与经营绩效[J]. 国际贸易，2022（10）：87-95.

[71] 刘星，刘理，窦炜. 融资约束、代理冲突与中国上市公司非效率投资行为研究[J]. 管理工程学报，2014，28（3）：64-73.

[72] 刘怡，侯杰. 人力资源风险管理、人力资本与企业经营绩效[J]. 统计与决策，2024，40（9）：178-182.

[73] 刘泽. 决策主体、决策制度与规划质量：一项准自然实验研究[J]. 中国行政管理，2022（8）：90-100.

[74] 刘子怡，陈志斌. 政府财务信息披露、绩效评价与地方政府投资行为[J]. 人文杂志，2014（11）：37-43.

[75] 罗公利，边伟军. 不确定性、风险管理与高技术企业新产品市场绩效[J]. 东岳论丛，2020，41（8）：125-134.

[76] 李凤羽，杨墨竹. 经济政策不确定性会抑制企业投资吗？——基于中国经济政策不确定指数的实证研究[J]. 金融研究，2015（4）：115-129.

[77] 李连梦，吴青，申立敬. 投资者动机对众筹投资决策的影响[J]. 金融论坛，2020，25（4）：61-69.

[78] 李梦雅，严太华，郝晨. 风险投资、创新产出质量与企业绩效——基于地区制度环境的调节作用[J]. 科研管理，2021，42（8）：168-175.

[79] 李倩，侯碧梅. 基于维持现状偏好理论的信息系统使用决策研究[J]. 管理评论，2013，25（1）：44-51.

[80] 李诗，吴超鹏. 中国企业跨国并购成败影响因素实证研究——基于政治和文化视角[J]. 南开管理评论，2016，19（3）：18-30.

[81] 吕文栋，赵杨，田丹，等. 风险管理理论的创新——从企业风险管理到弹性风险管理[J]. 科学决策，2017（9）：1-24.

[82] 刘星，杨亦民. 融资结构对企业投资行为的影响——来自沪深股市的

经验证据 [J]. 预测，2006（3）：33-37.

[83] 李晓帆，陈伟忠. 海外资产配置与 A 股国际化是"双赢"之举吗——基于投资组合均值—方差张成检验的实证分析 [J]. 统计与信息论坛，2018，33（3）：37-45.

[84] 李梦雅，严太华. 风险投资、引致研发投入与企业创新产出——地区制度环境的调节作用 [J]. 研究与发展管理，2019，31（6）：61-69.

[85] 李学峰，徐华. 基金投资风格漂移及其对基金绩效的影响研究 [J]. 证券市场导报，2007（8）：70-77.

[86] 李友东，谢鑫鹏，营刚. 两种分成契约下供应链企业合作减排决策机制研究 [J]. 中国管理科学，2016，24（3）：61-70.

[87] 林发勤，吕雨桐. 跨国并购能否驱动企业创新：基于技术和资源互补性的理论和实证研究 [J]. 世界经济研究，2022（10）：102-117+137.

[88] 林毅夫，李永军. 中小金融机构发展与中小企业融资 [J]. 经济研究，2001（1）：10-18+53-93.

[89] 刘莎，刘明. 绿色金融、经济增长与环境变化——西北地区环境指数实现"巴黎承诺"有无可能？[J]. 当代经济科学，2020，42（1）：71-84.

[90] 刘卫柏，李中. 企业突破性技术创新投资决策的期权博弈模型 [J]. 管理评论，2016，28（4）：89-97.

[91] 刘海飞，许金涛. 基于改进主成分的省域投资环境竞争力评价指标体系研究 [J]. 经济问题，2017（3）：12-18.

[92] 刘海飞，许金涛，柏巍，等. 社交网络、投资者关注与股价同步性 [J]. 管理科学学报，2017，20（2）：53-62.

[93] 卢晖临，李雪. 如何走出个案——从个案研究到扩展个案研究 [J]. 中国社会科学，2007（1）：118-130+207-208.

[94] 罗吉，党兴华，王育晓. 网络位置、网络能力与风险投资机构投资绩效：一个交互效应模型 [J]. 管理评论，2016，28（9）：83-97.

[95] 罗琦，李辉. 企业生命周期、股利决策与投资效率 [J]. 经济评论，2015（2）：115-125.

[96] 罗真，张宗成. 职业忧虑影响基金经理投资行为的经验分析 [J]. 世界经济，2004（4）：63-71.

[97] 骆永明，周倩，章海波，等. 重视土壤中微塑料污染研究 防范生态与食物链风险 [J]. 中国科学院院刊，2018，33（10）：1021-1030.

[98] 马勇，姜伊晴. "双支柱"调控的研究进展：综述与评介 [J]. 金融评论，2019，11（6）：1-14+120.

[99] 倪艳霞，黄净. 宏观经济视域下风险投资绩效评价指标体系研究 [J]. 贵州财经大学学报，2019（4）：70-79.

[100] 蒲文燕，张洪辉，肖浩. 债务保守、投资机会与中国上市公司资本投资 [J]. 管理评论，2012，24（4）：36-44.

[101] 潘霞，范德成. 区域投资环境的评价研究——以中国内地31个省、市、区为例 [J]. 经济问题探索，2007（8）：40-45+92.

[102] 彭华涛，夏丽馨，刘勤. 社会网络嵌入、风险承担水平与科技创业绩效——产品市场竞争视角 [J]. 科技进步与对策，2024，41（12）：23-34.

[103] 钱苹，张帏. 我国创业投资的回报率及其影响因素 [J]. 经济研究，2007（5）：78-90.

[104] 仇中宁，陈传明. 企业家社会资本、决策冲突与决策质量的实证研究——战略决策视角 [J]. 科学学与科学技术管理，2015，36（12）：163-174.

[105] 权进民，周圣，史本山. 基于主成分和数据包络分析的四川省投资环境效率评价 [J]. 财经科学，2013（9）：116-124.

[106] 沈维涛，胡刘芬. 分阶段投资策略对风险投资绩效的影响及机理研究 [J]. 当代经济科学，2014，36（3）：64-74+126.

[107] 石琳，党兴华，杨倩，等. 风险投资网络社群集聚性与可达性对成功退出的影响 [J]. 科技进步与对策，2017，34（17）：9-15.

[108] 荣鹏飞，苏勇，张岚.CEO变革型领导、高管团队认知决策行为与企业决策绩效——团队氛围的调节效应[J].复旦学报（社会科学版），2019，61（3）：167-177.

[109] 宋新平，刘馥宁，申真，等.大数据下企业供应链风险管理与竞争情报融合模型构建——以华为公司为例[J].情报杂志，2024，43（6）：185-192+176.

[110] 苏敬勤，崔淼.企业家认知资源与管理创新决策：理论与案例实验[J].管理评论，2011，23（8）：120-130.

[111] 苏萌萌，冯永春，李子玉，等.新兴市场跨国企业国际市场机会识别规则及其演变机制——基于乐歌的纵向案例研究[J].管理学报，2024，21（5）：633-643.

[112] 苏郁锋，徐劲飞.机会识别与公司创新绩效关系研究：组织模块化水平的中介作用[J].广西社会科学，2021（12）：131-137.

[113] 孙伍琴.从金融体系风险管理绩效看风险投资的创新意义[J].经济管理，2004（13）：74-76.

[114] 宋加山，涂瀚匀，赵锐铛.数字化转型如何促进企业创新效率提升——来自金融资产配置视角的再审视[J].科技进步与对策，2024（14）：62-71.

[115] 苏世彬，陈玉琼，李广培.专利风险感知对技术创业绩效影响研究——基于组织控制与机会识别的中介作用[J].科研管理，2023，44（3）：112-122.

[116] 苏治.理性与非理性的博弈：现代投资决策理论的演进[J].求是学刊，2011，38（4）：70-76.

[117] 宋陆军，沙义金.投资组合构建与优化：投资者偏好和遗传算法视角[J].经济问题，2023（8）：60-66.

[118] 唐方成.新技术商业化的风险要素及其作用机理：基于社会技术系

统理论的实证研究 [J]. 系统工程理论与实践，2013，33（3）：622-631.

[119] 唐振达，柯学宁. 现代企业风险管理研究——关注风险管理提升企业价值 [J]. 学术论坛，2006（1）：129-135.

[120] 汪国银，刘芳，陈传明. 中层管理者战略决策参与对战略绩效的影响路径研究 [J]. 当代财经，2013（2）：67-73.

[121] 王刚，任浩聪，雷薇. 影响我国金融监管效率的五大因素 [J]. 经济纵横，2015（4）：93-97.

[122] 谈毅，唐霖露. 跨境风险资本在华投资绩效影响因素的研究 [J]. 科研管理，2016，37（10）：1-8.

[123] 唐晨曦，杜晓君，冯飞，等. "一带一路"倡议与中国企业对外投资绩效——基于来源国合法性溢出视角 [J]. 技术经济，2023，42（4）：125-136.

[124] 唐新华. 人工智能在国际风险评估和决策管理中的应用框架 [J]. 当代世界，2018（10）：27-30.

[125] 田昆儒，游竹君，孙国强. 非控股股东网络权力的投资角色定位 [J]. 商业经济与管理，2021（9）：56-70.

[126] 涂晓玲，傅文霁. 信息分散程度与产业政策有效性边界——基于企业投资偏离的视角 [J]. 江西社会科学，2022，42（1）：154-166.

[127] 涂颖清，陈行龙，胡红星. 论企业多元化经营战略——基于委托代理理论的视角 [J]. 江西社会科学，2009（4）：216-219.

[128] 吴卫星，齐天翔. 流动性、生命周期与投资组合相异性——中国投资者行为调查实证分析 [J]. 经济研究，2007（2）：97-110.

[129] 王惠庆，陈良华. 分阶段投资与内部资本市场配置效率研究 [J]. 统计与决策，2017（24）：142-146.

[130] 王化成，胡国柳. 股权结构与企业投资多元化关系：理论与实证分析 [J]. 会计研究，2005（8）：56-62+96.

[131] 王熹. 委托—代理理论视角下经理人激励机制与努力水平选择研究的演化 [J]. 理论学刊，2022（2）：137-143.

[132] 吴振翔，叶五一，缪柏其. 基于 Copula 的外汇投资组合风险分析 [J]. 中国管理科学，2004（4）：2-6.

[133] 伍建民. 决策理论和方法在科技创新中的应用 [J]. 科学决策，2015（10）：7-16.

[134] 王庆石，肖俊喜. 风险调整的投资组合绩效测度指标综合评价 [J]. 世界经济，2001（10）：63-70.

[135] 王磊，刘海邻，贺学会. 私募股权投资与企业并购——基于创业板市场的证据 [J]. 管理评论，2019，31（1）：27-38.

[136] 王昊，张书齐，吴思彤，等. 中国城市更新投资环境指数模型构建与实证研究 [J]. 城市发展研究，2023，30（3）：122-129.

[137] 王开明，张琦. IT 投资绩效研究：回顾与展望 [J]. 中国地质大学学报（社会科学版），2022，22（3）：83-93.

[138] 王妮，潘海英，吴雨濛，等. ESG 表现、创新投资决策与企业价值 [J]. 研究与发展管理，2024（7）：1-13.

[139] 王修晓，苗大雷. 决策机制与经营绩效：基于 2016 年中国私营企业调查的发现 [J]. 社会学评论，2022，10（3）：220-238.

[140] 吴航，陈劲. 新兴经济国家企业国际化模式影响创新绩效机制——动态能力理论视角 [J]. 科学学研究，2014，32（8）：1262-1270.

[141] 吴友. 风险投资管理参与、数字化转型与企业创新 [J]. 上海经济研究，2023（5）：78-92.

[142] 王绍飞. 我国经济开发区投资环境影响因素的分析 [J]. 中国农业大学学报（社会科学版），2001（4）：4-8.

[143] 王铁男，王宇，赵凤. 环境因素、CEO 过度自信与 IT 投资绩效 [J]. 管理世界，2017（9）：116-128.

[144] 吴小节, 曾华, 汪秀琼. 多层次情境嵌入视角下的委托代理理论研究现状及发展[J]. 管理学报, 2017, 14（6）: 936-946.

[145] 王向楠, 吴婷. 保险发展、产业间资源配置与经济增长[J]. 金融评论, 2019, 11（6）: 36-55+121.

[146] 温思雅. 企业升级研究现状探析与未来展望[J]. 现代经济探讨, 2015（1）: 53-57.

[147] 武立. 股权结构、代理成本与上市企业股利政策[J]. 商业研究, 2015（2）: 127-134.

[148] 夏申, 张阳. 跨国公司的投资决策机制与发展中国家的吸引外资策略[J]. 世界经济, 1993（1）: 30-36+24.

[149] 邢斌, 徐龙炳. 超募、投资机会与公司价值[J]. 财经研究, 2015, 41（9）: 65-78.

[150] 徐研, 刘迪. 风险投资网络能够促进中小企业创新能力提升吗？——基于中国风投行业数据的实证研究[J]. 产业经济研究, 2020（3）: 85-99.

[151] 许明辉, 袁睢秋, 秦颖, 等. 基于委托代理理论的逆向供应链激励机制设计与回收模式选择[J]. 中国管理科学, 2024（5）: 1-17.

[152] 肖叶, 刘小兵. 税制结构变迁对企业投资行为的影响研究——基于税负转嫁视角[J]. 中央财经大学学报, 2023（2）: 17-29.

[153] 薛琰如, 张海亮, 邹平. 所有制差异、套利动机与对外直接投资区位决策——基于矿产资源型国有企业的分析[J]. 经济评论, 2016（2）: 137-150.

[154] 徐勇, 贾键涛. 多元化投资策略对创业投资绩效影响的研究——基于中国创业投资的经验证据[J]. 中山大学学报（社会科学版）, 2016, 56（5）: 151-160.

[155] 奚玉芹, 杨智良, 金永红. 风险投资网络、投资经验与绩效[J]. 审计

与经济研究，2021，36（4）：107-116.

[156] 辛自强，王鲁晓，李越. 基金投资决策中老手与新手的信息加工差异及干预 [J]. 心理学报，2024（6）：799-813.

[157] 解洪涛，周少甫. 股票型基金资产配置集中度与投资绩效研究 [J]. 证券市场导报，2008（5）：52-56.

[158] 项国鹏，潘凯凌，张文满. 网络关系、创业机会识别与创业决策——基于浙江新创企业的实证研究 [J]. 科技管理研究，2018，38（22）：169-177.

[159] 肖晓平. 项目档案在项目风险管理中的价值和作用 [J]. 档案学研究，2015（3）：74-76.

[160] 邢恩泽，姚德权，邓玉萍，等. 境外投资者治理对企业金融投资决策影响的研究 [J]. 南方经济，2023（3）：113-129.

[161] 熊健，董晓林. 数字金融参与促进农户创业决策了吗？——基于融资规模和机会识别视角的实证分析 [J]. 商业研究，2021（5）：123-130.

[162] 徐勇，贾键涛. 多元化投资策略对创业投资绩效影响的研究——基于中国创业投资的经验证据 [J]. 中山大学学报（社会科学版），2016，56（5）：151-160.

[163] 严武，熊航，凌爱凡. 公募基金年末业绩追逐与风险调整行为研究 [J]. 财贸经济，2016（9）：81-96.

[164] 杨兵，杨杨，杜剑. 企业风险预期与投资策略选择——基于年报文本挖掘的实证研究 [J]. 经济管理，2022，44（2）：122-140.

[165] 杨畅，刘斌，闫文凯. 契约环境影响企业的投资行为吗——来自中国上市公司的经验证据 [J]. 金融研究，2014（11）：15.

[166] 杨爱军，孟德锋. 考虑高阶矩的广义 Sharpe 比率影响的投资基金绩效评价 [J]. 统计与决策，2012（20）：156-160.

[167] 杨东. 互联网金融的法律规制——基于信息工具的视角 [J]. 中国社会

科学，2015（4）：107-126+206.

[168] 杨艳萍，郜钰格.网络规模与2-步可达性对风险投资绩效的影响——知识属性的调节作用[J].管理评论，2020，32（6）：114-126.

[169] 姚梅芳，张兰，葛晶.基于文献分析的政府出资型风险投资公司风险管理体系研究[J].情报科学，2010，28（12）：1901-1907.

[170] 于立勇，曹凤岐.论新巴塞尔资本协议与我国银行资本充足水平[J].数量经济技术经济研究，2004（1）：30-37.

[171] 于蔚，汪淼军，金祥荣.政治关联和融资约束：信息效应与资源效应[J].经济研究，2012，47（9）：125-139.

[172] 袁泽沛.投资环境系统分析[J].武汉大学学报（社会科学版），1990（6）：62-69.

[173] 严复海，党星，颜文虎.风险管理发展历程和趋势综述[J].管理现代化，2007（2）：30-33.

[174] 严子淳，王伟楠，王凯，等.数字化转型能够提升企业投资效率吗？——来自制造业上市公司的证据[J].管理评论，2023，35（12）：20-30.

[175] 杨兴全，赵锐，杨征.央企集团高管变更优化控股公司投资行为吗[J].江西财经大学学报，2023（1）：36-52.

[176] 杨印生，张充.基于DEA-Benchmarking模型的农业上市公司投资绩效分析[J].农业技术经济，2009（6）：91-95.

[177] 尹苗苗，孙亚，费宇鹏.民营风险投资对新企业创业能力的影响机制[J].管理学报，2020，17（4）：544-550.

[178] 袁峰，许凌珠，邵祥理.数据驱动的互联网保险产品创新风险管理研究[J].保险研究，2022（3）：29-43.

[179] 张戌，朱书尚，吴莹，等.基于基金持股的社会责任投资行为及绩效研究[J].管理学报，2021，18（12）：1840-1850.

[180] 张祥建，郭丽虹，徐龙炳.中国国有企业混合所有制改革与企业投

资效率——基于留存国有股控制和高管政治关联的分析 [J]. 经济管理, 2015, 37(09): 132-145.

[181] 周国富, 史玉蕾, 王静怡. 区域投资环境对FDI区位选择影响的实证分析 [J]. 统计与决策, 2011（3）: 100-102.

[182] 张学勇, 陶醉. 股市发展与收入分配不平等 [J]. 经济理论与经济管理, 2014（10）: 77-88.

[183] 张腾文, 鲁万波, 张涵宇. 金融知识、投资经验与权利能力 [J]. 当代经济科学, 2017, 39（6）: 46-56+124.

[184] 张延, 张轶龙. 理查德·塞勒对实验经济学的贡献 [J]. 经济学动态, 2017（12）: 116-132.

[185] 庄新霞, 欧忠辉, 周小亮, 等. 风险投资与上市企业创新投入: 产权属性和制度环境的调节 [J]. 科研管理, 2017, 38（11）: 48-56.

[186] 张燕, 王辉, 樊景立. 组织支持对人力资源措施和员工绩效的影响 [J]. 管理科学学报, 2008, 11（2）: 120-131.

[187] 郑玲, 周晓雯. 现金薪酬、股权激励对管理层投资行为影响的实证检验 [J]. 统计与决策, 2019, 35（24）: 153-157.

[188] 曾大军, 张柱, 梁嘉琦, 等. 机器行为与人机协同决策理论和方法 [J]. 管理科学, 2021, 34（6）: 55-59.

[189] 张海星, 杨丹. 地方政府竞争对债务投资绩效的影响: 效应与机制 [J]. 宁夏社会科学, 2023（6）: 97-108.

[190] 张梅, 杨丽丽. 农民合作社风险管理工具绩效评估研究 [J]. 保险研究, 2022（3）: 58-69.

[191] 赵惠, 吴有红. 有效提高投资转化效率 [J]. 宏观经济管理, 2024（5）: 17-24.

[192] 赵玲, 田增瑞. 创业拼凑、机会识别与社会企业绩效研究——管家文化的调节作用 [J]. 科技进步与对策, 2021, 38（7）: 115-124.

[193] 赵蜀蓉，陈绍刚，王少卓，等.委托代理理论下的寡头竞争机制研究——基于中国电信业的模型分析[J].管理科学，2013，26（6）：105-114.

[194] 赵兴庐，刘衡，张建琦.冗余如何转化为公司创业？——资源拼凑和机会识别的双元式中介路径研究[J].外国经济与管理，2017，39（6）：54-67.

[195] 周光辉.当代中国决策体制的形成与变革[J].中国社会科学，2011（3）：101-120+222.

[196] 邹志明，陈迅.外商直接投资对技术创新与经济高质量发展的影响及其作用机制——基于环境规制的调节作用[J].科研管理，2023，44（2）：165-175.

[197] 祖国鹏，张峥，张圣平.基金管理模式的选择与基金绩效[J].财经问题研究，2010（12）：57-64.

[198] 赵瑞.企业社会资本、投资机会与投资效率[J].宏观经济研究，2013（1）：65-72.

[199] 赵杨，吕文栋.北京市高新技术企业全面风险管理评价及能力提升研究[J].科学决策，2011（1）：10-53.

[200] 赵杨，吕文栋.科技保险试点三年来的现状、问题和对策——基于北京、上海、天津、重庆四个直辖市的调查分析[J].科学决策，2011（12）：1-24.

[201] 仲理峰，时勘.绩效管理的几个基本问题[J].南开管理评论，2002（3）：15-19.

[202] 周杰文.地区引资的成本—效果分析与投资环境优化[J].经济地理，2005（5）：616-619+628.

[203] 周亮，李红权.投资时钟原理及战术资产配置在投资组合管理中的应用——基于修正 Black-Litterman 模型[J].中央财经大学学报，2019（10）：92-105.

[204] 周林. 西欧国家经济决策机制的特点 [J]. 世界经济, 1988 (7): 93-96.

[205] 周育红, 刘建丽, 张世泽. 资本来源对创业投资绩效的影响路径研究——制度公平与结构洞位置的作用 [J]. 南开管理评论, 2021, 24 (5): 84-93+138+94-95.

[206] 朱凌. 绩效差距和管理决策: 前沿理论与定量研究评论 [J]. 公共管理与政策评论, 2019, 8 (6): 3-13.

[207] 卓紘晶, 林飞, 孔英. 基于模糊矩阵判定下基金评级的群决策机制探讨 [J]. 统计与决策, 2014 (15): 41-43.

[208] 邹志明, 陈迅. 外商直接投资对技术创新与经济高质量发展的影响及其作用机制——基于环境规制的调节作用 [J]. 科研管理, 2023, 44 (2): 165-175.

[209] 张鹏, 林晓妮. 基于贝叶斯理论的可容许均值-方差投资组合优化研究 [J]. 数理统计与管理, 2024 (3): 527-540.

[210] 张腾文, 王威, 于翠婷. 金融知识、风险认知与投资收益——基于中小投资者权益保护调查问卷 [J]. 会计研究, 2016 (7): 66-73+97.

[211] 周蕾, 林浇敏, 陈艺琦, 等. 不确定性跨期决策视角下绿色行为的心理机制及干预 [J]. 心理科学进展, 2024 (7): 1048-1056.

[212] Rodriguez y Baena A M, Boudjenoun R, Fowler S W, et al. 234Th-based carbon export during an ice-edge bloom: Sea-ice algae as a likely bias in data interpretation[J]. Earth and Planetary Science Letters, 2008, 269 (3): 596-604.

[213] Black F, Scholes M. The valuation of options and corporate liability[J]. Journal of Political Economy, 1973, 8 (3): 60-73.

[214] Budescu D V, Chen E. Identifying expertise to extract the wisdom of crowds[J]. Management Science, 2015, 61 (2): 267-280.

[215] Berglund H, Bousfiha M, Mansoori Y. Opportunities as artifacts and

entrepreneurship as design[J]. The Academy of Management Review, 2020, 45 (4): 825-846.

[216] Daiya M, Akihiko T.Multi-agent model based proactive risk management for equity investment[J]. Engineering Applications of Artificial Intelligence, 2023 (125): 1-10.

[217] Dammon R M, Spatt C S, Zhang H H. Optimal consumption and investment with capital gains taxes[J]. Review of Financial Studies, 2001, 14 (3): 583-616.

[218] Harris E P, Northcott D, Elmassri M M, et al. Theorising strategic investment decision-making using strong structuration theory[J]. Accounting, Auditing & Accountability Journal, 2016, 29 (7): 1177-1203.

[219] Eisenhardt K M, Graebner M E. Theory building from cases: Opportunities and challenges[J]. Academy of Management Journal, 2007, 50 (1): 25-32.

[220] Krishnan C N V, Ivanov V I, Masulis R W, et al. Venture capital reputation, post-IPO performance, and corporate governance[J]. Journal of Financial and Quantitative Analysis, 2009, 46 (5): 1295-1333.

[220] Kothari S P, Shu S, Wysocki P D.Do managers with hold bad news? [J]. Journal of Accounting Research, 2009, 47 (1): 241-276

[221] Zhang C Y, Yu B Y, Wang J W, et al. Impact factors of household energy saving behavior: An empirical study of Shandong Province in China[J]. Journal of Cleaner Production, 2018 (185): 285-298.

[222] Filipe Sardo, Zélia Serrasqueiro, Elisabete Félix. Does venture capital affect capital structure rebalancing? The case of small knowledge-intensive service firms[J]. Structural Change and Economic Dynamics, 2020 (53): 170-179.

[223] Huang D C F. Implementing arrow-debreu equilibria by continuous trading

of few long-lived securities[J]. Econometrica, 1985, 53(6): 1337-1356.

[224] Platt J. "Case Study" in American methodological thought[J]. Current Sociology, 1992, 40(1): 17-48.

[225] Linnainmaa J T. Why do (some) households trade so much? [J]. Review of Financial Studies, 2011, 24(5): 1630-1666.

[226] J Ai, Brockett P L, Wang Tianyang. Optimal enterprise risk management and decision making with shared and dependent risks[J]. Journal of Risk and Insurance, 2017, 84(4): 1127-1169.

[227] Jones L M, Mitchell K J, Turner H A. Victim reports of bystander reactions to in-person and online peer harassment: A national survey of adolescents[J]. Journal of Youth and Adolescence, 2015, 44(12): 2308-2320.

[228] Eisenhardt K M. Better stories and better constructs: The case for rigor and comparative logic[J]. The Academy of Management Review, 1991, 16(3): 620-627.

[229] Eisenhardt M. Building theories from case study research[J]. The Academy of Management Review, 1989, 14(4): 532-550.

[230] Lewandowski K E, Barrantes V N, Nelson G R, et al. Anxiety and depression symptoms in psychometrically identified schizotypy[J]. Schizophrenia Research, 2005, 83(2): 225-235.

[231] Rahman M. Investment opportunities and multinationality: Evidence from capital structure changes[J]. Journal of Financial Research, 1997, 20(3): 423-434.

[232] Deepan M, Deepa N, Murugananthi D. Mutual fund investment decisions of investors in Coimbatore city, Tamil Nadu[J]. International Journal of Farm Sciences, 2019, 9(3): 45.

[233] Markowitz H M. Portfolio selection[J]. The Journal of Finance, 1952, 7

（1）: 77-91.

[234] Rostow W W, Hicks J R. The process of economic growth[J]. Economic Development & Cultural Change, 1953, 36（4）: 468.

[235] Gorecki S, Ribault J, Zacharewicz G, et al. Risk management and distributed simulation in Papyrus tool for decision making in industrial context[J]. Computers & Industrial Engineering, 2019, 137（C）: 1-14.

[236] Shiau W L, Yuan Y, Pu X, et al. Understanding fintech continuance: Perspectives from self-efficacy and ECT-IS theories[J]. Industrial Management & Data Systems, 2020, 120（9）: 1659-1689.

[237] X Jin, NDS Francisco. Monetary policy and systemic risk-taking in the Euro area investment fund industry: A structural factor-augmented vector autoregression analysis[J]. Journal of Financial Stability, 2020, 49（prepublish）.

[238] Xu Z S, Chen J. An interactive method for fuzzy multiple attribute group decision making[J]. Information Sciences, 2007, 177（1）: 248-263.

附录一　调查问卷

尊敬的先生/女生：

感谢您参与此次调研！本研究旨在调查产业投资基金风险管理对投资绩效的影响。由于调查的样本有限，您的回答将是本次研究的重要依据，敬请您务必根据公司的实际情况，回答好下面的每一个问题，甚为感谢！本问卷所得数据仅供整体分析研究，决不会进行个别处理与披露，请您勿需有任何顾虑并请尽量客观作答！

非常感谢您的合作与支持！敬祝事业顺利，鸿图大展！

一、公司及个人基本资料

本部分是贵公司的基本资料，主要为配合学术研究所需，烦请真实填写，此数据绝不对外公开。请在相应的选项上打"√"，或填写相应的答案。

1. 请问贵公司的企业性质为（　　　）[单选题]
○国有企业　○中外合资企业　○民营企业　○其他

2. 贵公司所在省份 [填空题]＿＿＿＿＿＿＿＿＿＿＿＿＿＿＿＿＿

3. 请问贵公司的经营年限为（　　　）[单选题]
○1~5年　○5~10年　○10~15年　○15~20年　○20年以上

4. 请问贵公司目前的员工人数为（　　）[单选题]

○ 500 人以下　○ 501 ~ 1000 人　○ 1001 ~ 5000 人　○ 5001 ~ 10000 人　○ 10001 人以上

5. 请问贵公司的总资产为（　　）[单选题]

○ 1000 万元以下　○ 1000 万 ~ 1 亿元　○ 1 亿 ~ 100 亿元　○ 100 亿 ~ 500 亿元　○ 500 亿元以上

二、风险管理相关问题测量

风险管理主要分为两个维度，即市场风险管理和运营风险管理，并在相关维度下设置相关问题。请对以下表述进行评分，1 代表非常不赞同、2 代表比较不赞同、3 代表一般、4 代表比较赞同、5 代表非常赞同。

6. 市场风险管理 [矩阵量表题]

编号	问题	1	2	3	4	5
GC1	企业有非常系统全面的风险识别过程					
GC2	企业能采用科学的定量方法进行风险评估					
GC3	企业能根据内外部环境变化做出风险应对					
GC4	企业设置了科学的风险管理制度					

7. 运营风险管理 [矩阵量表题]

编号	问题	1	2	3	4	5
NL1	企业具有较强的组织运营风险管理					
NL2	企业具有较强的技术运营风险管理					
NL3	企业具有较强的市场运营风险管理					
NL4	企业具有较强的外部环境运营风险管理					
NL5	企业具有较强的政策运营风险管理					

三、投资机会识别相关问题测量

投资机会识别主要分为两个维度,即投资能力和机会识别,并在相关维度下设置相关问题。请对以下表述进行评分,1 代表非常不赞同、2 代表比较不赞同、3 代表一般、4 代表比较赞同、5 代表非常赞同。

8. 投资能力 [矩阵量表题]

编号	问题	1	2	3	4	5
TZ1	企业具有较雄厚的资金					
TZ2	企业具有较成熟的投资体系					
TZ3	企业的投资经验较丰富					
TZ4	企业拥有较多投资方面的人才					

9. 机会识别 [矩阵量表题]

编号	问题	1	2	3	4	5
GZ1	企业经常寻求特定领域内的优质企业					
GZ2	企业经常关注政府、大型产业集团和上市公司的资讯					
GZ3	企业拥有较强的市场灵敏度					
GZ4	企业善于发掘新的投资机会识别					

四、投资环境相关问题测量

投资环境主要分为两个维度，即社会环境和经济环境，并在相关维度下设置相关问题。请对以下表述进行评分，1代表非常不赞同、2代表比较不赞同、3代表一般、4代表比较赞同、5代表非常赞同。

10. 社会环境 [矩阵量表题]

编号	问题	1	2	3	4	5
SE1	公司所处地域人口受教育水平较高					
SE2	公司所处地域科技水平较发达					
SE3	公司所处地域重视创新能力的发展					
SE4	公司所处地域批准专利较多					

11. 经济环境 [矩阵量表题]

编号	问题	1	2	3	4	5
EE1	公司所处地域发展增长性较强					
EE2	公司所处地域生活水平较好					
EE3	公司所处地域具备较好的经济基础					
EE4	公司所处地域涉外经济发展良好					
EE5	公司所处地域产业发展水平较好					

五、决策机制相关问题测量

决策机制主要分为两个维度，即组织结构和议事制度，并在相关维度下设置相关问题。请对以下表述进行评分，1代表非常不赞同、2代表比较不赞同、3代表一般、4代表比较赞同、5代表非常赞同。

12. 组织结构 [矩阵量表题]

编号	问题	1	2	3	4	5
QY1	公司的风险意识较强					
QY2	公司的管理水平较高					
QY3	公司的内部决策控制水平较强					

13. 议事制度 [矩阵量表题]

编号	问题	1	2	3	4	5
XM1	投资对象的融资意愿较强					
XM2	投资对象的市场表现较好					
XM3	投资对象的风险量值较低					
XM4	投资对象的成本与收益比较低					
XM5	对投资对象所在的行业领域较为熟悉					

六、投资绩效相关问题测量

投资绩效主要分为两个维度，即财务绩效和社会效益，并在相关维度下设置相关问题。请对以下表述进行评分，1 代表非常不赞同、2 代表比较不赞同、3 代表一般、4 代表比较赞同、5 代表非常赞同。

14. 财务绩效 [矩阵量表题]

编号	问题	1	2	3	4	5
JJ1	公司的投资回报率高于行业平均水平					
JJ2	公司的盈利增长水平较高					
JJ3	公司的经营效率高于行业平均水平					

15. 社会效益 [矩阵量表题]

编号	问题	1	2	3	4	5
HJ1	公司能有效地促进国民经济增长					
HJ2	公司能促进国家扶持产业的发展					
HJ3	公司能有效地促进基础设施建设					

七、控制变量相关问题测量

本书的控制变量包括投资行为、资产配置及投资经验，并设置了相关问题。请对以下表述进行评分，1代表非常不赞同、2代表比较不赞同、3代表一般、4代表比较赞同、5代表非常赞同。

16. 投资行为 [矩阵量表题]

编号	问题	1	2	3	4	5
IB1	高昂的投资情绪使公司投资人增加投资					
IB2	厌恶心理使管理层过度投资					
IB3	公司投资人会模仿过去的投资行为					
IB4	公司投资人是风险偏好者					
IB5	羊群效应对公司投资人会产生一定影响					

17. 资产配置 [矩阵量表题]

编号	问题	1	2	3	4	5
AA1	有闲置资金时企业会选择购买金融资产					
AA2	公司投资人建立了多种投资组合方案					
AA3	公司投资人更重视实体投资					
AA4	公司拥有完整的资产配置框架					
AA5	公司投资人有强大的投资组合管理能力					

18. 投资经验 [矩阵量表题]

编号	问题	1	2	3	4	5
IE1	公司投资人普遍具有较长的投资年限					
IE2	公司具有较为成熟的投资流程					
IE3	公司的投资项目普遍能够获得较好的收益					
IE4	公司内部交流通畅，经验共享					
IE5	公司能够及时识别投资机会					

本次问卷调查到此结束，再次感谢您的填写！

附录二 访谈大纲

一、访谈目的

了解产业投资基金的投资机会识别、风险管理、投资环境、决策机制及投资绩效的相关状况。

二、访谈方式

面对面的访谈。

三、访谈对象

产业投资基金公司从业的中高级管理人员。

四、提问提纲

（一）访谈开场语

您好，我们目前正在进行产业投资基金的专题调查，内容主要用于学术研究，能否耽误您 5~10 分钟的宝贵时间完成本次访谈。本次访谈主要通过问答形式进行，访谈内容将严格保密！为保证访谈的真实性，请真实地回答每个问题，如果没有疑问的话，我们就开始吧！

（二）访谈内容（包括但不限于以下问题，可根据回答情况灵活增加设问）

（1）您目前从事什么职位？

（2）您公司目前的财务状况如何？

（3）您公司的经营是否能够在某方面满足社会上人们的需求？

（4）您公司的用户或顾客对公司业务的配合程度如何？

（5）您认为公司目前投资能力如何？

（6）您认为公司能否及时识别到较好的投资项目？

（7）您认为公司对市场风险的管控能力如何？

（8）您认为公司目前对运营方面的风险管控能力如何？

（9）您认为公司能否招揽到优秀的人才？

（10）您如何看待当下公司所处的经济环境？

（11）您认为公司的议事制度如何？是否合理？

（12）您认为当下公司的组织结构是否合理？是否存在冗余或者不足的地方？

（13）您认为公司有什么需要改进的地方？

…………